LA VÉRITÉ SUR ORSINI

PREMIÈRE PARTIE

LES SECRETS DE L'AFFAIRE

Orsini et Pieri marchant au supplice.

PAR

UN ANCIEN PROSCRIT

PRIX : 50 CENTIMES

EN VENTE CHÉZ TOUS LES LIBRAIRES

S'adresser aux bureaux du **Nouveau Journal Républicain**, boulevard Poissonnière, 29

PARIS

LA VÉRITÉ SUR ORSINI
Par UN ANCIEN PROSCRIT

Chaque livraison contient une curieuse révélation. — Immense succès ! — Les Secrets de l'Empire dévoilés par une victime du coup d'État

Sommaires des Chapitres.

L'ATTENTAT

L'Opéra. — La foule. — Le cortége impérial. — L'escorte. — La voûte. — Les bombes. — L'aspect de la rue Le Peletier. — Au fond de la voiture. — L'homme ensanglanté. — Le rempart humain. — Bravos à l'Opéra. — Les victimes. — D'où partait le coup. — Les carbonari. — Sous le poignard.

LA POLICE IMPÉRIALE

L'arbitraire. — Les papiers de Saint-Arnaud. — Hauts faits d'un mouchard. — La cassette de la comtesse. — Un moyen de gouvernement. — Les guets-apens. — Etc., etc.

LE CABINET NOIR

Le secret des lettres. — Ce qu'un mari couronné peut apprendre dans le cabinet noir. — La destitution de Collet-Meygret.

LE PROSCRIT

Biographie d'Orsini. — Carbonari à quinze ans. — Insurgé de Bologne à côté de son père. — Condamné au bagne avec lui par le gouvernement pontifical. — Amnistié à l'avénement de Pie IX. — Menacé de mort pendant sept ans. — Evasion dramatique.

L'IMPÉRATRICE

Son caractère. — Le mystère de son passé. — Le secret de son voyage en Écosse. — Ma guerre à moi. — La mort de la duchesse d'Albe. — L'imitation de Marie-Antoinette. — La preuve secrète d'une défaillance. — L'heure de monter à cheval. — Encore s'il était mort !

LES HOMMES DE L'EMPIRE

Morny. — Persigny. — Billaut, etc. — La vérité sur leurs œuvres et leurs personnes.

LOUIS-NAPOLÉON CARBONARO

Lettre du roi de Hollande, Louis Bonaparte, déclarant au pape que le prince Louis-Napoléon est un fils adultérin. — Visées du prince Louis en se faisant recevoir carbonaro. — La cérémonie du serment. — Défiance de Mazzini. — L'insurrection. — Les sommations de Menotti. — Fuite empressée du prince à Bologne. — Intrigue amoureuse. — La femme, moyen de gouvernement. — La mascarade du prince à Rome avant la lutte ; sa lettre au pape après la défaite. — Vingt ans après. — La présidence. — Le poignard des carbonari à

Orsini et Pieri marchant à l'échafaud.

l'Elysée. — Lettre à Edgar Ney. — Promesses à Mazzini. — Heures d'attente.

NAPOLÉON III et les CARBONARI

L'empereur hors la loi. — Le crime. — Mort au tyran. — Le droit au régicide. — La tyrannie à l'intérieur. — La politique cléricale à l'extérieur. — L'influence de l'impératrice. — Le spectre de Rome. — La princesse italienne. — Un colonel entre deux eaux. — Un homme de lettres à l'encan. — Palmes et pilori. — L'agent assassin. — L'agent assassiné. — La duchesse et sa rivale. — Intrigue sanglante. — Exil d'une jolie femme. — Retour de Berlin. — L'espionnage d'une grande dame. — Lutte de coquetterie. — Les modistes et les couturières dans la salle des maréchaux. — Le truc des mannequins. — Pèlerinage aux Lieux Saints. — L'impératrice du chiffon. — Auprès du Sultan. — Sous le fez. — Les galanteries du khédive. — Lettres révélatrices. — L'affaire de l'officier de marine. — Dénoûment comique. — La série d'attentats. — Les plans secrets de l'empereur. — La guerre d'Italie est décidée.

Mazzini et Orsini.
Les Complices. — La Conjuration.
Le Docteur Bernard.
Le Voyage dramatique d'Orsini.
Les Arrestations.
Avant, pendant et après l'Attentat.
L'Attitude de la Police.
Le Jugement. — L'exécution.
Menaces de Guerre avec l'Angleterre.
Un dessous de Cartes.
Le Ministère Espinasse.
La Chute de ce Ministère.
La Guerre avec l'Autriche.
Conclusions.

I. LES SECRETS DE L'AFFAIRE. — II. LE COMPLOT. — III. L'ATTENTAT ET LE PROCÈS. — IV. LE MINISTÈRE ESPINASSE ET LA PROSCRIPTION

Vente en gros des Publications Illustrées Républicaines, chez l'auteur, 3, rue de Provence

LA VÉRITÉ SUR ORSINI

Par UN ANCIEN PROSCRIT

Première partie : LES SECRETS DE L'AFFAIRE

CHAPITRE V [1]

LES CAPRICES DU MAITRE

... L'empereur en arrivait à oublier toutes les considérations de prudence, de convenances et de décence, quand il était affolé par un caprice violent.

Le marquis de Boissy s'avisa de le proclamer un jour à la tribune du Sénat, malgré tous les efforts du président.

Le pétulant marquis ne se laissa pas démonter par les colères de ses collègues, et il couvrit, par les éclats de sa voix, les coups de sonnette du président, pour lancer au souverain, sous forme d'avis charitable, ce trait piquant :

« L'empereur n'est pas assez prudent avec les fem mes. Sa Majesté, par affection pour lui et pour nous, dans l'intérêt de l'État, ne devrait pas se mettre, à tous moments, à la merci de la première drôlesse venue ! »

Et le marquis se mit à jeter les noms des maîtresses de Napoléon III à ses collègues, indignés de ces révélations.

Chaque nom était accompagné d'une mordante épigramme et produisait sur le Sénat l'effet d'une goutte d'acide tombant sur une fourmilière; aussi des clameurs furieuses coupèrent-elles enfin la parole à l'orateur.

Rien d'étonnant donc à ce que Napoléon III eût été très-appréciateur des charmes d'une grande dame italienne, une duchesse qui avait le mari le plus parfait qu'elle pût souhaiter; car il avait été seul à ne pas sa-

[1] Les passages qui suivent sont extraits du chapitre V de l'œuvre; ils donnent une idée des curieuses révélations qu'elle contient dans chaque livraison.

voir que le roi Victor-Emmanuel avait prouvé à la duchesse combien il était un galant homme.

Mais Victor-Emmanuel était volage; la duchesse, délaissée par lui, sachant que Napoléon III tranchait du Louis XIV, et se sentant assez belle pour faire une impératrice de la main gauche, la duchesse, bien avisée, fit envoyer son mari en mission à Paris et le suivit.

Elle parut à la cour et elle put écrire au petit roi de Piémont, comme jadis César au Sénat romain, mais avec une variante :

« Je suis venue, je me suis fait voir et j'ai triomphé. »

En effet, elle enleva tous les suffrages dès la première soirée, et l'empereur s'enflamma si bien, qu'il s'afficha publiquement, au point d'inquiéter vivement l'impératrice.

Celle-ci crut habile de faire asseoir sa rivale près d'elle. Tout en ayant l'air de la combler de prévenances, elle lui adressait des menaces qui parurent faire impression sur la duchesse.

En effet, la duchesse, dès le lendemain, écrivait à l'impératrice une lettre charmante, lui disant qu'elle ne paraîtrait plus à la cour et qu'elle serait désolée de lui causer le moindre ennui.

Elle se retira à Passy dans une petite villa ombreuse et charmante.

C'était précisément la *petite maison* dont nous avons parlé.

L'empereur, à qui elle appartenait, y venait souvent en catimini...

Après avoir raconté le drame dont la petite maison de Passy fut le théâtre, drame sanglant qui coûta la vie à deux personnes, et dans lequel

l'empereur se crut menacé et trahi par sa m i tresse, l'auteur explique comment la duchesse, bannie, parvint à reconquérir son pouvoir.

. . . .

Elle fut rappelée.

Son retour fit grand bruit.

On conçoit que, s'il était resté prouvé à l'empereur que la duchesse avait voulu le livrer au poignard des mazziniens, elle ne serait jamais rentrée aux Tuileries, où elle reparut triomphante, au grand déplaisir de l'impératrice.

Ce fut en Prusse que la duchesse trouva les moyens de se justifier auprès de l'empereur et de rentrer en grâce.

Lorsque, retirée à Berlin, elle avait raconté son aventure, affirmant que jamais elle n'avait voulu faire tuer l'empereur et qu'il y avait un mystère dans le drame de la *petite maison*, un personnage des plus influents de l'entourage du roi Guillaume avait promis à la duchesse de tirer cette affaire au clair; il y parvint à l'aide de ses espions qui fournirent à la duchesse des moyens sûrs et prompts de justification.

Elle intéressa prodigieusement l'empereur en lui apprenant, non-seulement qu'elle était la victime désignée aux coups de l'homme tué par Griscelli, mais en lui révélant une certaine intrigue sur laquelle nous reviendrons.

La duchesse en grande faveur aux Tuileries, mais toute dévouée à Berlin, suivit avec une attention extrême les progrès de notre décadence; elle était bon juge et montrait une sagacité digne d'une Italienne de la Renaissance dans les esquisses de caractères qu'elle envoyait à Berlin.

Elle a *écrit* des portraits dont elle a vé des doubles et dont quelques-ur connus du monde diplomatique; ce s chefs-d'œuvre de malice et de péné féminines.

Grâce à elle, les Prussiens *savaient* p tout notre état-major; ils connaissaie vers des figures militaires dont la n'avait vu que l'endroit : l'un de leur vains avait pu dire avec conviction : généraux français ont eu quelque val l'ont certainement perdue; on en ci de vingt, et des plus connus, qui ne raient pas cinq heures à cheval. »

On remarqua (avec quelle stupeu s'en souviennent) que des générau avaient montré de la vaillance et de l'I en Crimée et en Italie, faisaient pre défaillances répétées et d'ineptie con Mais quoi d'étonnant !

N'avaient-ils pas dansé pendant ans aux Tuileries !

Ils avaient été atteints, et des pre de cette lèpre morale qui gâte les q viriles, émascule l'homme et paralys les ressorts de l'énergie.

La duchesse ne se contentait pas de les caractères et de les priser le peu valaient; par des caresses félines, e torquait tous les secrets de notre fa à l'empereur, à ses généraux et à ses tres.

Tous ces renseignements prenai chemin de Berlin où le dossier de ses lations, dans le cabinet du chef de s portait ce titre piquant :

Les secrets de l'oreiller de la duchesse

Vente en gros des Publications Illustrées Républicaines, chez l'auteur, 3, rue de Provence

Paris. — Imp. F Debons et Cie, 15, rue du (

LA VÉRITÉ SUR ORSINI

PAR

UN ANCIEN PROSCRIT

LA VÉRITÉ SUR ORSINI

PAR

UN ANCIEN PROSCRIT

PREMIÈRE PARTIE

LES SECRETS DE L'AFFAIRE

I

ORSINI DEVANT L'HISTOIRE

Sommaire.

Importance de l'attentat d'Orsini. — Ses conséquences : la France sous le sabre; guerre imminente avec la Grande-Bretagne; profond ressentiment du peuple anglais; campagne d'Italie entreprise par Napoléon III dans la crainte d'une nouvelle conjuration; le principe des nationalités posé; le mouvement unitaire en Allemagne; Sadowa et Sedan. — Le but de cette œuvre. — La théorie du régicide. — Orsini devant la postérité.

La vérité sur Orsini, nul ne l'a jamais dite en France.

Tant que l'empire fut debout, il fallut se taire.

Des faits secrets de cette affaire, le public ne sait rien exactement: depuis Sedan, l'invasion, les deuils de la patrie, la lutte acharnée des partis, ont distrait longtemps la nation de l'étude du passé.

Mais la République est consolidée, son lendemain est assuré; le moment est propice aux révélations sur cet événement qui fut l'un des plus importants du règne de Napoléon III.

Le meurtre de l'empereur, but immédiat de cette sanglante conspiration, fut manqué; mais les conséquences n'en furent pas moins considérables.

A l'intérieur, un régime de compression à outrance pesa lourdement sur la France et la mit sous le sabre du général Lespinasse, celui-là même qui, lors du coup d'Etat, en avait assumé l'acte le plus odieux et s'était emparé du palais de l'Assemblée. Appeler ce soldat parjure au ministère de l'intérieur, c'était jeter un défi à l'opinion, et la France fut ainsi souffletée devant l'Europe, parce que son chef avait eu peur.

A l'extérieur, l'Angleterre refusa énergiquement de livrer le docteur Bernard, accusé d'être le complice d'Orsini.

Aussitôt, sous la pression administrative, les corps constituants envoyèrent des adresses de dévouement à l'empereur, exagérant les formules les plus basses de la flatterie; des colonels, sous prétexte d'affirmer leur attachement à la dynastie, écrivirent ces trop fameuses lettres insérées à l'*Officiel* et contenant contre l'Angleterre les menaces les plus injurieuses et les plus fanfaronnes, dont l'événement prouva le ridicule, puisque le docteur Bernard fut acquitté par le jury anglais et que cependant les épées restèrent au fourreau.

Mais l'orgueil britannique avait été blessé au

vif; la blessure saigna longtemps au cœur du peuple anglais, et, quand l'empire s'écroula, il ne reçut, de l'allié de Crimée, ni secours matériel, ni appui moral.

Après avoir reculé devant une guerre avec l'Angleterre, Napoléon III fut obligé d'en commencer une contre l'Autriche.

Il avait reçu d'Orsini, au nom des *carbonari*, ses frères, un avertissement si terrible, qu'il craignit de périr dans une nouvelle conspiration des patriotes italiens.

Il fit la campagne de 1859, et le principe des nationalités fut posé.

L'élan qu'en reçut l'aspiration de l'Allemagne vers l'unité, précipita les événements, et un grand mouvement se dessina, qui aboutit à Sadowa.

La constitution de l'unité allemande amena la guerre de 1870 et la catastrophe de Sedan.

Ainsi s'enchaînent les faits!

Le premier anneau fut l'explosion des bombes, le 14 janvier 1858, et le dernier se rattache à la date funeste du 2 septembre 1870.

Que la cause absolue de cette suite d'événements ne soit pas l'attentat d'Orsini, nous l'admettons ; mais il en est le point de départ.

C'est donc un fait historique des plus graves, et il importe de rétablir enfin, sans parti pris, sans passion, la *vérité sur Orsini* qui fut l'âme du complot.

Vingt ans après son exécution sur l'échafaud, dix ans après la chute de l'empire, cette grande figure du patriote italien est tombée de plain-pied dans l'histoire ; l'heure de l'impartialité a sonné pour Orsini.

Notre but, dans cette étude, n'est point de présenter un plaidoyer en sa faveur.

Tout meurtre politique est une faute.

Tuer un roi, ce n'est jamais tuer la royauté.

Assassiner un tyran, ce n'est pas supprimer la tyrannie.

Les causes profondes qui ont permis à un despotisme de s'établir ne sont pas détruites par le meurtre d'un despote.

Après César, tombé sous le poignard de Brutus, Auguste rétablit l'empire à Rome.

A défaut d'Auguste, la République dégénérée aurait trouvé un autre maître.

Qu'un homme, de ceux que l'on appelle providentiels et qui semblent mener les peuples, disparaisse de la scène du monde, et, si grand que soit le vide qu'il laisse, ce vide se comble ; la chaîne des faits se renoue ; l'humanité, un instant troublée, reprend sa marche, implacablement poussée par l'inéluctable logique des événements.

Nous ne cherchons pas à réhabiliter le patriote italien qui voulut frapper un souverain.

Notre but est de dégager cette figure historique de voiles qui n'ont jamais été levés pour le public français.

Car, après l'attentat, répétons-le, la presse libérale dut se taire, et les journaux officieux, purent peindre, sous le jour le plus faux, l'homme, ses projets et sa vie.

Pour juger un caractère de la trempe d'Orsini, il faut se débarrasser de tout parti pris ; il faut scruter son passé et peser bien plus les mobiles et les conséquences de ses actes que ses actes eux-mêmes.

Dès lors, le patriote se dessine avec un relief saisissant.

En effet, si l'on supprime l'attentat dont Napoléon III fut l'objet, Orsini mérite une grande place dans le souvenir des peuples, car il s'est dévoué à la cause de la délivrance de sa patrie depuis l'âge de quinze ans.

L'Italie d'alors était sous le joug de l'Autriche.

Les princes qui jouissaient d'un semblant d'indépendance, ne se maintenaient qu'avec l'appui des baïonnettes autrichiennes ; le plus dur despotisme pesait sur Venise, Milan, Florence, Rome et Naples.

Seul, le Piémont était indépendant et libre.

Que tout citoyen se représente son pays sous la domination étrangère, et il comprendra que les infatigables conspirateurs italiens avaient entrepris la lutte la plus sainte, la plus honorable pour laquelle on puisse combattre.

Il s'agissait, pour eux, de renverser le joug d'un despotisme extérieur, non de changer une forme gouvernementale, non enfin de faire triompher tel système politique contre un autre.

Tous les hommes de cœur, en Italie, depuis Cavour jusqu'à Mazzini, s'unissaient contre l'étranger.

Ils s'armaient, non pas pour obtenir la liberté civile, mais pour conquérir l'indépendance même de la nation.

Ces Italiens voulaient être Italiens.

Nul esprit droit, aucun cœur loyal ne pouvait leur refuser la sympathie.

Parmi ces héros de l'épopée italienne, Orsini fut l'un des meilleurs entre les bons, des plus vaillants entre les braves.

Il se présente noble et grand devant l'histoire.

L'ardent amour de la patrie, le profond ressentiment de l'oubli que l'empereur affectait pour des serments sacrés, le fanatisme enfin expliquent la tentative de meurtre, sans toutefois la justifier.

Nous allons tout d'abord raconter la scène dramatique de l'attentat ; puis nous remonterons à ses causes et enfin nous en décrirons les conséquences.

Le plan général de l'œuvre nous oblige à esquisser au courant du récit, les figures des hommes importants de l'empire, de ses femmes trop connues, de ses agents secrets et de ses victimes.

Nous n'hésiterons devant aucune révélation, car l'heure est enfin venue de faire justice.

II

LA SOIRÉE DU 15 JANVIER 1858

Sommaire.

L'Opéra. — La foule. — Le cortége impérial. — L'escorte. — La voûte. — Les bombes. — L'aspect de la rue Le Peletier. — Au fond de la voiture. — L'homme ensanglanté. — Le rempart humain. — Bravos à l'Opéra. — Les victimes. — D'où partait le coup. — Les carbonari. — Sous le poignard !

Le 14 janvier 1858, une représentation extraordinaire devait avoir lieu à l'Opéra de Paris.

Massol venait de prendre sa retraite et une soirée avait été organisée à son bénéfice.

Le programme était composé de trois actes de *Marie Tudor*, que devait jouer madame Ristori, d'un acte de *Guillaume Tell* et d'une scène de *la Muette*.

La façade du théâtre était illuminée brillamment; au dedans, salle comble; au dehors, la foule de badauds qu'on retrouve partout dans le sillage des cours, foule toujours avide de contempler ce qu'un monarque peut soulever de poussière sur son passage.

A huit heures et demie, le cortége fut signalé; il descendait les boulevards au petit trot, et il s'engagea dans la rue Le Peletier.

Il se composait de trois voitures, escortées par des pelotons de lanciers de la garde, en tout vingt-huit hommes, commandés par un lieutenant qui se tenait près de la portière droite de la calèche impériale, et par un maréchal des logis chef, qui se tenait près de la portière gauche.

Cette voiture marchait la dernière; aussi, lorsqu'elle arriva devant le péristyle de l'Opéra, celles qui la précédaient et qui transportaient des chambellans ou des officiers de la couronne, s'étaient-elles enfoncées déjà dans ce passage voûté qui conduisait au pavillon spécial, affecté à l'escalier nouvellement construit pour l'usage du souverain.

La voiture de l'empereur, ralentissant nécessairement le pas sous la marquise, allait à son tour s'engager dans ce passage et disparaître, quand une explosion formidable retentit.

Elle était produite par une bombe qui était venue s'abattre au milieu du cortége.

Elle y jeta la confusion et l'effroi, lançant de toutes parts une grêle de projectiles.

La commotion qu'elle produisit fut si violente, qu'instantanément toutes les lumières s'éteignirent, les vitres de la marquise du théâtre volèrent en éclats; celles des maisons voisines, du rez-de-chaussée aux mansardes, tombèrent en débris dans la rue, sur les curieux épouvantés.

A quelques secondes d'intervalle, l'explosion de deux nouvelles bombes, lancées dans la même direction que la première, produisirent dans la rue Le Peletier un tumulte indescriptible; une foule affolée s'y bousculait dans les ténèbres; les chevaux des lanciers de l'escorte la parcouraient, éperdus et hennissant; des cris de terreur sortaient de toutes les maisons; des râles, des gémissements, des supplications retentissaient sous la voûte du passage, dont les abords étaient jonchés de cadavres.

Le sang ruisselait sur le sol; sur les murs, les affiches en étaient éclaboussées; et, au milieu des morts et des mourants mutilés, les serviteurs hagards s'agitaient autour de la voiture impériale, pour s'assurer de l'état du maître.

Lui seul, en effet, semblait avoir servi d'objectif aux projectiles; car, tandis que la première bombe avait éclaté dans le peloton de lanciers qui le précédait, la seconde avait fait explosion sous les pas de l'attelage de la calèche impériale et en avait foudroyé les chevaux, pendant que la troisième tombait sous la voiture elle-même.

Soixante-seize projectiles avaient criblé celle-ci, et elle eût été infailliblement broyée avec ceux qu'elle renfermait, si tous ses panneaux n'eussent point été intérieurement doublés de plaques de fer.

Dès la première explosion, l'empereur avait voulu s'échapper de la voiture par la portière de droite, placée du côté du péristyle de l'Opéra; mais cette portière avait été forcée par le choc d'un éclat de bombe et il était impossible de l'ouvrir.

N'osant alors se hasarder à sortir par la portière de gauche, de peur de se trouver en présence même de ceux qui jetaient les bombes, l'empereur se blottit dans le fond de la voiture, à côté de l'impératrice.

Ils y demeurèrent tous deux immobiles; bien longtemps après la dernière détonation, ils furent tirés de leur stupeur par la vue d'un homme qui, les traits bouleversés, le visage mutilé, plongea brusquement sa tête dans l'intérieur de la voiture, tachant, du sang qui s'échappait de ses blessures, la robe de l'impératrice.

A la vue de la tête ensanglantée qui se montrait ainsi, l'impératrice poussa un cri d'effroi, croyant voir apparaître quelqu'un des auteurs de l'attentat, venant s'assurer que son œuvre avait réussi.

Mais l'empereur avait reconnu l'un des agents les plus fidèles et les plus dévoués de sa police secrète, le brigadier Alessandri, qui, déjà, aux Champs-Elysées, le 28 avril 1855, lui avait sauvé la vie, en arrachant à l'assassin Pianori le revolver qu'il dirigeait contre lui.

A côté de cet agent, se montraient d'ailleurs bientôt M. Lanot, commissaire de la section de l'Opéra, M. Hébert, officier de paix, MM. Alphonse Royer et Gustave Vaëz, directeurs de l'Opéra, et le général Roynet. Ce dernier, assis sur le siége même de la voiture de l'empereur, avait reçu au cou une contusion violente, qui avait déterminé un énorme épanchement de sang.

La présence de toutes ces personnes amies était de nature à rassurer complétement l'empereur et l'impératrice; néanmoins, ce n'est qu'avec les plus grandes précautions qu'ils se décidèrent à quitter leur voiture.

Ils n'en pouvaient sortir, ainsi que nous l'avons dit, que par la portière de gauche, qui seule fonctionnait encore, du côté de la foule, au sein de laquelle se tenaient certainement les auteurs de l'attentat; l'empereur hésitait à se montrer. Mais le lieutenant d'escorte rassembla en toute hâte ceux de ses lanciers que la mitraille avait épargnés; il les fit placer, sur un seul rang, devant et autour de la voiture, et, à l'abri de ce rideau humain, le couple impérial osa enfin se hasarder à mettre pied à terre.

On le conduisit vers le petit salon d'attente, préparé pour le recevoir dans le vestibule du passage réservé; là, on s'empressa de lui donner des soins.

Ni l'empereur, ni l'impératrice n'étaient blessés; seul, Napoléon III avait eu son chapeau légèrement troué et son front avait été effleuré par un éclat de vitre.

On discuta sur ce qu'il y avait à faire; rentrer aux Tuileries, en traversant Paris, parut imprudent ; on résolut d'achever au spectacle cette soirée sanglante,

L'empereur et l'impératrice montèrent à leur loge.

La représentation, un instant interrompue par les rumeurs du dehors, fut reprise avec plus d'entrain sur la scène ; on y chanta, on y dansa avec allégresse, et il se trouva dans la salle un agent assez avisé pour donner l'ordre aux claqueurs de pousser des acclamations d'enthousiasme ; le public d'ultra-conservateurs fut entraîné par les applaudisseurs gagés ; à la vue du maître sain et sauf, on oubliait que ces cris étaient un outrage pour tous les innocents qui venaient de succomber.

Pendant que l'empereur et l'impératrice s'épanouissaient, rassurés et rayonnants, à quelques pas d'eux, des mères se penchaient éplorées sur le pavé de la rue, pour reconnaître le cadavre de leur enfant, ou sur les grabats des ambulances pour recueillir leur dernier soupir.

Les journaux officieux du temps se complaisent à déclarer que l'empereur suivit le spectacle jusqu'à la fin, d'un œil calme et tranquille.

Tout en essuyant avec affectation l'égratignure de son front, sur laquelle apparaissait, de loin en loin, une imperceptible gouttelette de sang, tout en faisant remarquer, avec cette superstition des petits esprits, que la pièce de *Marie Stuart* lui était funeste, parce que déjà, un soir, en allant l'entendre aux Italiens, il avait failli être assassiné par un fou, Napoléon III se demandait quels pouvaient être les auteurs de ce nouvel attentat.

Avant la fin de la représentation, il l'apprit ; dans la soirée, un de ses officiers lui remit un rapport sommaire de police.

La conspiration avait été ourdie par les carbonari italiens.

Dès qu'il sut d'où partait le coup, il devint soucieux ; car ce n'était plus le fait d'un fanatique isolé.

Désormais, il se sentait menacé par une secte nombreuse et dont il connaissait les ressources et les moyens d'action, puisqu'il y était affilié depuis 1830 ; à cette époque, il avait prêté devant Mazzini lui-même, le chef suprême des carbonari, le solennel serment de se dévouer à la délivrance de l'Italie.

Ce qui surtout préoccupait l'empereur, c'est que, depuis plusieurs mois, il était en pourparlers avec Mazzini qui l'avait sommé d'agir et lui avait donné un avertissement dont il sera longuement parlé ici.

L'empereur avait promis d'obéir ; il était d'accord avec Mazzini ; et cependant les carbonari cherchaient à l'assassiner !

Là était le point mystérieux de l'attentat.

Les inquiétudes de Napoléon III étaient profondes et justifiées ; si les *Ventes* l'avaient condamné, il se jugeait perdu sans espoir.

La tentative avait avorté ; mais l'empereur savait que d'autres carbonari, désignés par le sort, n'hésiteraient point à le frapper à mort.

Il écrivit à Mazzini pour lui demander pourquoi il le faisait assassiner alors qu'ils s'étaient enfin entendus et qu'il préparait déjà une guerre avec l'Autriche. Mazzini répondit qu'une scission s'était faite dans le carbonarisme et qu'une partie des *Ventes*, lasses d'attendre, avaient voulu agir contre lui.

A partir de ce jour, se sentant sous le poignard, il s'entoura de précautions extraordinaires ; mais, sachant bien qu'il n'échapperait pas aux conjurés, s'il ne les désarmait point par une promesse à courte échéance, il prit l'engagement de rompre avec l'Autriche dans le délai d'un an ; et, pour la première fois de sa vie, il tint parole ; car, au 1ᵉʳ janvier 1859, il fit à l'ambassadeur d'Autriche l'étrange réception qui devait accentuer la crise diplomatique, arrivée déjà à l'état aigu entre la France et cette puissance ; il se résignait donc à se faire, lui, souverain de la plus puissante nation d'alors, l'instrument de Mazzini.

L'attentat du 14 janvier 1858 devait bouleverser l'Europe !...

Voyons maintenant les causes qui avaient poussé Orsini au régicide et racontons d'abord par suite de quels faits, il prétendait avoir le droit de frapper l'empereur.

III

LOUIS-NAPOLÉON CARBONARO

Sommaire.

Lettre du roi de Hollande, Louis Bonaparte, déclarant au pape que le prince Louis-Napoléon est un fils adultérin. — Visées du prince Louis en se faisant recevoir carbonaro. — La cérémonie du serment. — Défiance de Mazzini. — L'insurrection. — Les sommations de Menotti. — Fuite empressée du prince à Bologne. — Intrigue amoureuse. — La femme moyen de gouvernement. — La mascarade du prince à Rome avant la lutte ; sa lettre au pape après la défaite. — Vingt ans après. — La présidence. — Le poignard des carbonari à l'Elysée. — Lettre à Edgar Ney. — Promesses à Mazzini. — Heures d'attente.

En écrivant ce chapitre, un des plus importants de l'œuvre, puisqu'il établit les droits des carbonari à punir Napoléon III comme traître à leur association, aux statuts de laquelle il avait juré obéissance et fidélité ; en faisant les révélations qui vont suivre, nous n'avons d'autre but que d'établir la vérité stricte.

Nous ne portons aucune accusation sans preuve ; nous ne citons que des faits vrais, nous sommes historien et non pamphlétaire.

Comme il importe, pour la compréhension des actes contradictoires de la jeunesse de Napoléon III, de connaître les influences qui pesèrent sur lui, nous devons parler de son origine.

Si quelque partisan de l'empire nous accusait de mettre en lumière la scandaleuse conduite de la reine Hortense, mère de Louis-Napoléon, nous rappellerions que c'est le père légal, non réel, le mari même de la reine, Louis, roi de Hollande, qui a cloué sa femme au pilori par une lettre fameuse, dont le retentissement fut immense dans les cours européennes.

Et à qui cette lettre était-elle adressée ?

Au pape Grégoire XVI.

Du même coup, avec une éloquence indignée, l'ex-roi Louis répudiait sa femme et le fils de celle-ci.

Donc, trouvant odieuse la conduite lâche et tortueuse du prince Louis, son prétendu fils, qui trompait tous les partis en Italie, en 1830; voulant dégager sa personnalité de toutes les infamies commises ou à commettre par le prince, l'ex-roi de Hollande écrivait au pape la lettre dont nous extrayons les passages suivants :

Parlant du prince, il disait textuellement :

« *Quant à celui-là, vous* LE SAVEZ, SAINT-PÈRE, *il usurpe mon nom.*

Grâce à Dieu, il ne m'est rien.

Sa mère est une Messaline qui malheureusement fait des enfants... »

Le pape était irrité contre le prince et contre la reine ; les voûtes du Vatican retentirent de la solennelle accusation que l'ex-roi portait au pied du trône pontifical contre sa femme et le fils de celle-ci : les échos de la Ville-Éternelle annoncèrent au monde (*urbi et orbi*) que le prince Louis-Napoléon était un enfant adultérin. La chronique galante de la cour de Hollande attribuait du reste la paternité à l'amiral Verrhuel ; les faits étaient patents, contrôlés par le témoignage de tout un peuple que révoltait la conduite de la reine ; cependant ce fils renié par son père, ce prince qui n'avait pas une goutte de sang des Bonaparte dans les veines, était nommé à la Présidence de la République, dans un jour d'aveuglement, où le peuple français s'imaginait déchirer les traités de 1815, en appelant à le gouverner celui qu'il croyait neveu de l'empereur.

C'est à Sedan que nous avons payé cette déplorable erreur et ce fatal entraînement.

Alors on niait les fautes de la reine Hortense.

Aujourd'hui on les avoue.

Les bonapartistes les plus dévoués écrivent que de Morny était le fils de la reine Hortense et du comte de Flahaut ; il n'y a donc plus à discuter la moralité de la mère du prince Louis-Napoléon.

Élevé par elle, il en reçut des leçons de duplicité, qu'elle eut l'audace de condenser dans une lettre, livrée plus tard à la publicité, avec un cynisme naïf, comme un monument de l'habileté diplomatique de la reine.

De cette lettre, nous ne mettrons sous les yeux de nos lecteurs que les lignes suivantes, parce qu'elles expliquent pourquoi le prince se fit carbonaro, et comment il fut dressé, dès l'enfance, à la fourberie.

La reine engageait le prince à se mêler à toutes les agitations politiques qui se produiraient en Europe.

Elle lui écrivait :

« ...Toujours l'œil aux aguets, épiez les occasions propices. Si la France vous échappait définitivement, l'Italie, l'Allemagne, la Russie, l'Angleterre présenteraient encore des chances d'avenir. Partout il se produit des caprices d'imagination qui peuvent élever aux nues l'héritier d'un grand homme.

« ...Le monde peut être pris deux fois au même lacet ; les hommes sont oublieux, par suite ignorants. »

Elle conseille ensuite au prince d'apprendre à manier la parole en vue du mensonge.

« La parole, dit-elle, est admirable, surtout pour envelopper d'une obscurité qu'on calcule d'avance les projets habiles : on arrive à se faire un langage qui ait la diversité d'aspect de la robe du caméléon. »

Et la reine termine ainsi :

« Tous les moyens de régner sont bons, suffisants, légitimes, pourvu qu'on maintienne l'ordre matériel. »

Tel fut l'enseignement de la reine Hortense.

Toutes les hypocrisies de l'empereur sont en germe dans les conseils de duplicité qu'elle donne ; tous les crimes de l'empire semblent avoir jailli de la dernière phrase du testament politique de la reine.

Ne reculez devant rien ! Telle était la loi suprême que la mère imposait au fils, et il y obéit toujours.

Mettant en pratique les leçons maternelles, le prince, se trouvant en Italie lors des mouvements insurrectionels de 1830, se mêla « à cette agitation. »

C'était une des occasions, signalées par la Reine.

Il se fit recevoir carbonaro, comme le duc de Modène, du reste ; mais sans trahir ouvertement comme lui, il sut ne pas compromettre sa personne dans les complots.

Il louvoya habilement, mérita une accusation de lâcheté de la part des carbonari, une mercuriale du pape. Mais, en fin de compte, les carbonari crurent que le prince était pusillanime, non perfide peut-être. Le pape le regarda comme un jeune homme à l'imagination ardente, un instant égaré, mais facile à ramener à la réalité. Il avait trompé les deux partis, comme nous allons le démontrer par le détail des faits.

C'est en 1830 que le prince Louis-Napoléon s'affilia à la société que Mazzini avait fondée pour la délivrance de l'Italie.

A cette époque, Paris venait de montrer au monde comment un peuple brave et fort, répond à un coup d'État par une révolution légitime.

Charles X fuyait en exil et tous les trônes étaient ébranlés.

L'Europe s'agitait, les rois du droit divin s'affolaient, une aube de liberté semblait se lever sur le monde.

Lueur fugitive !

Simple présage !

Mais si ce grand mouvement échoua, il n'en remua pas moins profondément les esprits, en Italie surtout.

La péninsule était, à cette époque, divisée en petits royaumes et en grands-duchés.

Partout la nation réclamait la liberté et voulait secouer le joug ; mais les idées particularistes étaient encore très enracinées, et beaucoup d'excellents patriotes ne comprenaient l'unité italienne que sous forme de fédération.

Le prince Louis-Napoléon voyant le peuple se soulever et l'insurrection lui semblant avoir des chances de succès, se dit que si elle triomphait, les grands-ducs et le roi de Naples seraient renversés.

Il calcula qu'en se rendant populaire, en se

mélant aux complots révolutionnaires, il y aurait chance pour lui de fonder une principauté et peut-être de rétablir le royaume dont le prince Eugène avait été vice-roi.

Pensée d'ambitieux !

Louis-Napoléon appliquait déjà le conseil de sa mère : « *Se mêler aux agitations politiques en Italie.* »

Le prince songea donc à se mettre en mesure de profiter des succès possibles des conjurés, qui couvraient la péninsule de l'immense réseau de leurs sociétés secrètes.

Il ne douta pas que, une fois reçu au nombre des affiliés, il ne sût conquérir une haute situation et diriger le mouvement.

Il demanda donc à être admis, il subit les épreuves et il fut accepté par Mazzini.

Mais celui-ci était défiant à l'endroit des princes.

Charles-Albert, qui affectait d'être un ardent carbonaro avant de monter sur le trône, avait persécuté, emprisonné, exilé ses frères au lendemain du jour où il était proclamé roi.

D'autre part, le duc de Modène, un carbonaro aussi, était fortement soupçonné de trahison et il méditait déjà, en effet, l'odieuse félonie dont il se rendit coupable envers les patriotes affiliés.

Dès lors, Mazzini, en garde contre les princes, avait résolu de leur imposer un serment solennel qui donnait à la Vente Suprême le droit de punir de mort toute trahison et tout refus d'obéissance.

Louis-Napoléon ignorait la portée de l'engagement qu'il allait signer ; il ne savait pas à quel point les châtiments infligés par les carbonari étaient implacables. Il pensait qu'il en était d'eux comme des francs-maçons, qui se contentent de chasser un frère parjure.

Mais au jour de l'admission, quand il se trouva sous le *Glaive*, en face d'un tribunal austère, devant des hommes sombres, résolus, audacieux, prêts pour la souffrance et pour la mort, quand il entendit la formule du serment, quand on lui cita les noms des traîtres poignardés, quand il sut qu'après une sentence de la Vente Suprême, quarante frères désignés par le sort l'exécutaient, et mouraient eux-mêmes sous le poignard, s'ils hésitaient ; quand il mesura, enfin, l'étendue des droits que son serment allait donner sur lui à l'association, le prince hésita, dit-on.

Mais il était bien tard pour reculer ; l'ambition le poussait.

— Qu'importe, pensa-t-il, de prêter serment d'obéissance, si j'arrive à être celui qui commande !

Il jura.

Il jura qu'il se vouait corps et âme à la cause italienne et qu'il ferait pour elle tous les sacrifices, si haut placé qu'il fût un jour.

Alors le glaive s'abaissa, et la pointe toucha son front.

Une voix lui cria :

— Souviens-toi !... Si tu oubliais, vingt mille bras seraient armés, s'il le fallait, pour te frapper !

Le prince ne pouvait plus douter à cette heure du danger que couraient les traîtres.

On dit que jamais cette scène émouvante ne s'effaça de sa mémoire. Aussi, comme nous allons le démontrer, n'osa-t-il jamais se refuser franchement à obéir aux ordres des carbonari et se contenta-t-il de biaiser avec eux.

Louis-Napoléon, devenu corbonaro, n'eut plus qu'une pensée : s'emparer de la direction des forces de l'association.

Mais ses hésitations, très-remarquées au moment de prêter serment, avaient ajouté encore aux défiances des chefs, et il fut défendu à la *Vente* dont le prince faisait partie, de lui livrer aucun secret sérieux et de lui faire franchir le second degré de l'initiation.

Le prince, impatient, voulut forcer la main aux chefs, en se faisant une popularité de mauvais aloi.

Chaque hiver, la reine Hortense avait coutume de s'établir à Rome pour y passer la saison.

En 1830, précisément à l'époque où l'effervescence était grande dans la ville des papes, le prince se rendit près de la reine, et il préluda aux coups de tête de Strasbourg et de Boulogne, par une comédie ridicule ; il s'affubla d'un uniforme de fantaisie, endossa une chabraque tricolore, et, le 15 novembre, il se promena à cheval dans les rues.

Cette exhibition grotesque eut pour résultat immédiat un ordre d'expulsion.

La reine et le prince furent enchantés.

Le prince crut avoir conquis la popularité, calmé les soupçons des carbonari et mérité enfin une haute situation au milieu d'eux.

Il se trompait.

Rien ne pouvait endormir la vigilance de Mazzini.

Le prince, à son grand dépit, resta simple carbonaro.

Toutefois, l'heure d'agir était arrivée pour les Italiens.

La Révolution de Juillet venait de mettre sur le trône, en France, un roi dont le fils (le duc d'Orléans) était affilié au carbonarisme français, naturellement sympathique à celui d'Italie; on croyait pouvoir compter au moins sur la bienveillante neutralité de la France et sur une révolte de la Hongrie contre l'Autriche.

Dès lors les carbonari résolurent de donner le signal de l'insurrection.

Ils allaient savoir qui était franchement avec eux, les hommes de cœur et de loyauté s'affirmant quand le danger se dessine.

Le prince, lui, ne songea qu'à se dérober.

Il avait produit à Rome l'effet qu'il avait désiré : il s'était fait bannir par le pape ; il criait bien haut qu'on le persécutait pour son libéralisme; il jugeait qu'il avait suffisamment souffert pour la cause italienne.

Aller s'exposer aux fatigues d'une campagne, aux hasards des batailles, à la fusillade après la défaite, c'était beaucoup trop de risques pour un ambitieux qui calculait et les chances de mort et ses chances de succès personnel.

En conséquence, le prince chercha à s'esquiver.

Il comptait trouver à Florence, chez son frère, un refuge où il pourrait laisser passer l'orage, voir venir les événements, se mettre en évidence si la victoire se dessinait pour l'insurrection, se cacher si elle échouait.

Il espérait ridiculement que son équipée de Rome lui permettrait d'effacer la honte de n'avoir pas pris les armes.

Mais Mazzini veillait surtout sur les princes affiliés.

Il avait donné l'ordre aux Ventes d'avoir l'œil sur eux, et, s'ils se cachaient, de chercher quelles étaient leurs retraites ; là, le chef de région devait leur enjoindre de prendre les armes.

Le prince s'attendait bien à être découvert ; mais il espérait gagner assez de temps pour que les événements eussent pris tournure.

A cette époque, il n'y avait ni télégraphe électrique, ni chemins de fer ; la poste était interdite aux carbonari par la prudence ; Louis-Napoléon supposait donc que des mois s'écouleraient avant qu'il fût sommé de faire son devoir.

Aussi éprouva-t-il une déconvenue très-désagréable, lorsqu'il reçut la visite d'un citoyen, devenu célèbre par la suite.

C'était Menotti, chef des *ventes* florentines.

Il reprocha sévèrement au prince d'avoir quitté sa résidence dans un moment critique et il le somma de se rendre immédiatement au camp insurgé.

Comme il était important de compromettre les princes, en les mettant bien en évidence, Menotti annonça à Louis-Napoléon qu'on le chargeait d'organiser la défense de Foligno à Civita-Castellana.

Le prince voyait ses ruses déjouées ; il lui était impossible de refuser l'obéissance d'une façon formelle ; il promit de partir ; nous allons voir comment il tint parole.

Louis-Napoléon et son frère qui, lui aussi, était affilié, se résignèrent à faire route pour la Romagne, où la lutte devait s'engager.

Mais Louis écrivit à sa mère pour la prévenir, pensant bien qu'elle ferait tout son possible pour le tirer de ce mauvais pas.

De cette lettre, entre les lignes de laquelle il faut lire pour bien comprendre la pensée du prince, nous citerons un passage important :

« Votre affection, écrit le fils à la mère, comprendra nos sentiments. NOUS AVONS PRIS DES ENGAGEMENTS ; NOUS NE POUVONS Y MANQUER. »

Nous enregistrons cet aveu.

Le prince convient, dans cette lettre, qu'il est lié par son serment.

Nous notons cette confession.

Après avoir averti la reine, les deux princes se rendirent dans la Romagne ; Louis-Napoléon reçut là des lettres de sa mère qui l'avertissait d'être prudent, car le mouvement devait nécessairement avorter.

Puis elle essaya de fournir à ses fils un moyen d'apparence honorable pour se tirer de ce mauvais pas.

Elle leur fit écrire par le cardinal Fesch et le prince Jérôme que, « dans l'intérêt du patriotisme italien, ils devraient quitter la Romagne ; que leur nom était haï des puissances et déciderait celles-ci à pousser les Autrichiens en avant. »

Fort de cette menace, Louis-Napoléon expliqua l'inaction dans laquelle il restait, en disant que l'Europe s'alarmerait de voir un Napoléon dans les rangs des insurgés ; que la Sainte-Alliance se reformerait contre la révolution italienne ; que le roi Louis-Philippe, lui-même, s'inquiétait déjà et prenait ombrage ; que le gouvernement français en viendrait à être hostile.

Il fallut soumettre ces considérations aux chefs du mouvement ; cela demanda du temps ; les Autrichiens prirent Modène et s'avancèrent sur Bologne ; les deux princes s'enfuirent et s'embarquèrent à Ancône.

Le prince Louis laissait derrière lui la réputation d'un coureur de ruelles ; il n'avait cessé de fréquenter les coulisses des théâtres pendant que les insurgés se battaient.

En fait de conquêtes, le prince ne s'était occupé que de celle de madame Gordon, depuis si fameuse.

Le vicomte de Beaumont-Vassy, très-favorable du reste au régime bonapartiste, constate l'équipée amoureuse du prince, dans ses *Mémoires secrets* du dix-neuvième siècle.

« Louis Bonaparte, dit-il, à qui cette femme devait être si utile dans l'accomplissement ultérieur des projets politiques qu'il méditait dès lors, mit tout en œuvre pour réussir auprès d'elle. »

Ainsi, la femme était déjà pour le prince un moyen d'arriver, comme plus tard elle devait être un instrument de règne.

Comment s'étonner de la corruption de la cour impériale !

Passons.

Louis-Napoléon, en fuite, n'ayant pas fait son devoir, et se trouvant en sûreté, songea à compléter son équipée de Rome, par une nouvelle frasque politique qui le mettrait en évidence.

Il imagina de faire grand tapage en écrivant au pape une bruyante déclaration de principes dans laquelle il réclamait toutes les libertés pour l'Italie.

Il arriva au résultat qu'il souhaitait quant au retentissement de cette lettre ; mais il n'en obtint pas le profit qu'il en espérait.

D'une part, les carbonari, édifiés sur son compte, le laissèrent simple carbonaro, le méprisant plus que jamais.

D'autre part, le roi de Hollande, Louis, écrivait au pape cette lettre violente que nous avons citée et qui souffletait la mère et le fils devant toute l'Europe.

Tel fut le rôle du prince dans l'échauffourée de 1830 ; nous allons raconter sa conduite envers les carbonari pendant la période révolutionnaire de 1848 à 1851.

Après la tentative avortée de 1830, les années s'écoulaient, lourdes et lentes pour les peuples italiens opprimés.

Tout à coup la révolution de 1848 éclate. L'Europe reçoit encore une commotion profonde.

Partout les peuples se soulèvent ; à Berlin et dans toute l'Allemagne, les émeutes éclatent, tantôt réprimées, tantôt triomphantes ; la Hongrie livre à l'Autriche ces merveilleuses batailles qui émancipent les Maggyars ; en Italie, Rome, Milan, Florence, Venise, Naples, chassent l'étranger. Les carbonari triomphent partout.

Cette fois, ils savent ce que vaut Louis-Napoléon ; ils ont apprécié sa mascarade de Rome, son échauffourée de Strasbourg et son débarquement à Boulogne, qui n'eût été que ridicule, si le prince n'y eût pas assassiné un soldat.

Jamais les carbonari n'auraient pensé qu'un homme politique d'aussi peu de valeur arriverait un jour à la présidence, par la seule magie du nom qu'il portait, et au trône, par un coup d'Etat sanglant.

Ils le jugèrent plus dangereux qu'utile à leurs projets ; ils le savaient sans honneur et sans foi ; ils ne lui demandèrent ni service, ni dévouement.

Ils le dédaignaient.

Cependant Louis-Napoléon arrivait à la première magistrature de la République française, pendant que partout la réaction écrasait la révolution ; le roi de Prusse domptait Berlin, le czar écrasait les Maggyars, laissant l'Autriche étouffer la liberté naissante en Italie ; une Chambre française réactionnaire avait déjà envoyé une armée pour détruire la République à Rome et rendre au pape son pouvoir temporel.

Cette œuvre de répression s'était accomplie sous la dictature de Cavaignac ; lorsque Louis-Napoléon arriva au pouvoir, le pape, sous la protection des baïonnettes françaises, donnait à l'Europe le spectacle désolant de l'excessive rigueur avec laquelle, de sa résidence de Civita-Vecchia, il faisait châtier ses sujets.

C'est alors que les carbonari résolurent de rappeler au prince-président son serment d'affilié.

Mazzini lui envoya deux émissaires par lesquels il fut sommé de faire au pape d'énergiques représentations.

Le prince avait complétement oublié le passé.

Il reçut froidement les envoyés de Mazzini ; il leur déclara qu'il n'était arrivé à la présidence qu'avec l'appui des paysans, très-conservateurs et très-attachés aux idées religieuses ; que molester le Saint-Père, ce serait désaffectionner les campagnes sur lesquelles surtout il s'appuyait ; bref, il refusa de déférer aux injonctions de Mazzini.

Les émissaires partirent, emportant une réponse négative.

Un mois à peine s'était écoulé, que le prince, s'éveillant un matin à l'Elysée, trouva sur son chevet un poignard, au manche duquel une lettre était suspendue par un cordonnet de soie.

La lettre ne contenait que ces mots en italien :

« *Averti aujourd'hui, tu seras frappé demain.* »

Il fut impossible au prince de se dissimuler que sa vie avait été à la discrétion du carbonaro qui avait pu pénétrer jusqu'à lui, pendant son sommeil, et laisser un avis si menaçant.

Il eut peur, et il résolut d'accorder à Mazzini au moins un semblant de satisfaction.

Il écrivit alors à Edgar Ney, son aide de camp, une lettre à laquelle il fit donner tout le retentissement possible. En voici la conclusion :

« On voudrait donner pour base à la rentrée du pape (à Rome) la proscription et la tyrannie. Dites de ma part au général Rostolan qu'il ne doit pas permettre qu'à l'ombre du drapeau tricolore, on commette un acte qui puisse dénaturer le caractère de notre intervention. — Je résume ainsi le pouvoir temporel du pape :

Amnistie générale, sécularisation de l'administration, code Napoléon et gouvernement libéral. »

Après avoir lancé cette lettre, il négocia avec Mazzini.

Il lui représenta qu'il venait de faire pour les carbonari tout ce qu'on pouvait raisonnablement exiger de lui. Il prévoyait, disait-il, que, malgré la présence de nos soldats à Rome, notre influence serait paralysée et qu'il n'obtiendrait pas des ultramontains ce qu'il demandait ; mais il rappelait à Mazzini qu'il n'était pas libre, ayant en face de lui une Chambre monarchiste, réactionnaire et cléricale.

« Quand j'aurai affermi mon pouvoir, disait-il, quand je serai le maître, alors j'agirai au delà de tout ce qu'on espère de moi. »

Les carbonari ne pouvaient nier que le pouvoir du *prince président* ne fût précaire ; il venait de leur donner un gage de ses intentions, ils attendirent les événements que tout le monde prévoyait.

Le coup d'Etat était dans l'air, l'empire devait en être la conséquence.

Mazzini se réserva de forcer l'empereur à tenir les serments du prince.

IV

LE BRAVO DE L'EMPEREUR

Sommaire.

L'Empereur ne tient pas la promesse du prince président. — Sa brigade corse de sûreté. — L'agent Criscelli. — Comment il sauva la vie à l'empereur. — Un évadé de Lambessa. — La chasse à l'homme. — Kelche venu à Paris pour attenter à la vie de Napoléon III est tué par Criscelli. — Le bravo de Sa Majesté.

L'Empereur, une fois sur le trône, oublia absolument les engagements pris avec Mazzini et il méprisa ses menaces.

Il ne soutint en aucune façon les libéraux italiens ; à Rome sa fameuse lettre à Edgar Ney, resta lettre morte ! Bien plus ! à l'intérieur comme à l'extérieur, il s'associa à toutes les réactions...

Toute sa sécurité venait de sa police, qu'il avait organisée à l'italienne, sur le modèle des petits despotes qui tyrannisaient la péninsule.

Il en avait choisi le personnel autant que possible parmi les Corses qui naissent dévoués à la famille des Napoléon, et qui ont les instincts des condottieri du moyen âge.

Couvert par des escortes de gardes déguisés en bourgeois, l'empereur avait, d'autre part, détaché auprès des carbonari les plus influents, des espions qui surveillaient Londres et Bruxelles, ces deux centres où se réunissaient les proscrits français et italiens ; mais Napoléon III ne comptait pas seulement sur sa brigade personnelle de sûreté ; il avait un agent qui avait donné des preuves remarquables de courage, de dévouement et de sagacité.

Il avait toute confiance en lui.

Les deux circonstances dans lesquelles cet agent avait rendu à l'empereur de signalés services sont trop dramatiques pour que nous ne cédions pas au désir de les raconter sommairement.

L'agent s'appelait Criscelli ; c'était un Corse d'une énergie sauvage, qui ne reculait devant rien.

Cet agent a laissé des mémoires extrêmement curieux et pleins de révélations, contre lesquels il a été impossible aux intéressés de protester.

Une première fois, Criscelli fut chargé de débarrasser l'empereur d'un conspirateur nommé Kelche, qui était un homme d'une résolution et d'une audace telles, que la police avait toujours l'œil sur lui à l'étranger ; c'était un officier républicain qui avait été déporté à Lambessa et qui s'en était évadé.

D'une force colossale, déterminé à jouer franchement sa tête, il était signalé comme excessivement dangereux ; il s'était réfugié à Londres.

Un jour notre ambassadeur envoya d'Angleterre un télégramme, annonçant que Kelche était parti pour Paris et qu'il voulait tuer l'empereur, non pas en tirant sur lui, mais en le poignardant, ce qui lui semblait plus sûr.

La bravoure de Kelche était bien connue ; l'empereur s'inquiéta beaucoup de ce télégramme ; son entourage lui conseilla de faire rechercher Kelche et d'ordonner qu'on le massacrât « comme un chien enragé » n'importe où on le rencontrerait.

Ce fut Criscelli qui se chargea de trouver Kelche et de le tuer.

Ce Corse avait un flair de limier ; il dépista Kelche et le surprit rue de Trancy, n° 13, à Vaugirard, au moment où le déporté déjeunait, à neuf heures du matin, chez le restaurateur Démard.

Criscelli était accompagné de deux agents.

Il se jeta sur Kelche ; mais celui-ci, doué d'une vigueur et d'une agilité qui lui avaient permis d'échapper précédemment à dix agents, Kelche, disons-nous, quoique surpris, renversa Criscelli et ses hommes, sauta par une fenêtre dans un jardin, et il eût été sauvé, si la porte de ce jardin se fût trouvée ouverte, mais elle était fermée.

Pendant qu'il l'ébranlait à coups de pied, Criscelli le tuait à coups de pistolet et le réfugié tombait, foudroyé par une balle dans la tête.

Le Corse tirait aussi sur un ami de Kelche et lui logeait une autre balle dans l'épaule.

L'affaire fut étouffée et Criscelli fut attaché à la personne de l'empereur.

Tel était l'homme dont Napoléon III avait fait son bravo et qui ne le quittait jamais.

Nous allons, tout en racontant un second meurtre de Criscelli, commis dans une villa d'Auteuil, parler de cette *petite maison* où l'empereur voyait ses maîtresses.

La sanglante aventure qui suit et qui eut cette *petite maison* pour théâtre, et la duchesse de..... pour héroïne, sert de prologue à l'intrigue dans laquelle Orsini et la princesse..... tinrent l'empereur sous le couteau, à leur discrétion, quelques mois avant l'attentat.

Dans cette première affaire, il ne s'agissait pas de frapper l'empereur, mais de l'épouvanter !

V

LES CAPRICES DU MAITRE

Sommaire.

Pourquoi il importe de parler des caprices du maître. — Le prince en jupons ; déclaration à une Florentine ; un mari susceptible pour le compte d'autrui ; une altesse dans le ruisseau ; un souvenir d'amour (caricature florentine). — La duchesse de X.... — Les infidélités de Victor-Emmanuel. — Arrivée de la duchesse aux Tuileries ; présentation à la cour. — Menace de l'impératrice ; ruse de la duchesse. — La petite maison ; faux avis ; Criscelli sur ses gardes. — Un coup de couteau. — Le mort et la femme vivante. — Le terrain vague. — L'empereur est trompé sur cette affaire ; la duchesse est exilée ; elle apprend la vérité ; se justifie et revient à la cour. — L'espionne du grand monde. — Nos généraux et les secrets de l'oreiller.

Pour bien comprendre toutes les péripéties de l'affaire Orsini, il nous a déjà fallu remonter dans le passé, raconter l'affiliation de Louis-Napoléon à la société secrète de *la Jeune Italie*, sa conduite en 1830, puis en 1851, puis en 1852 ; enfin nous avons constaté que, monté sur le trône, l'empereur refusait d'obéir aux injonctions de Mazzini. Ce serait une erreur de croire que ce dernier fut le promoteur de l'attentat d'Orsini ; il le désapprouva.

A ce moment, il avait déjà obtenu de Napoléon III plus qu'il n'en espérait ; c'était la princesse....., secondée par Orsini lui-même, qui avait épouvanté l'empereur en lui prouvant qu'il avait été à la merci des conjurés.

Il avait été si complètement au pouvoir des carbonari qu'il céda enfin, comme nous le dirons par la suite, tout en expliquant comment et pourquoi Orsini revint en France accomplir sa tentative de régicide, malgré Mazzini.

Mais il importe avant tout, de montrer, sous leur vrai jour, certains côtés du caractère de l'empereur, sans quoi il serait difficile d'apprécier l'habileté de Mazzini dans le choix du piége tendu.

Nous écrivons ce chapitre, ayant pour but, d'abord de faire pénétrer le lecteur dans la *petite maison*, et surtout de montrer à quelles folies les femmes pouvaient amener l'empereur.

Nous avons vu déjà le prince s'éprendre d'une actrice pendant son séjour en Italie.

Avant d'être amoureux de madame Gordon, qu'il courtisa, comme nous l'avons raconté, pendant que les carbonari insurgés se battaient, Louis-Napoléon avait été très-épris d'une dame florentine, charmante du reste, mais qui, très-occupée d'un comte toscan, répondit très-mal aux avances du prince.

Celui-ci, se croyant la grâce d'un Faublas, eut la ridicule idée de se déguiser en femme pour se faire recevoir par la dame qui refusait de l'écouter.

Il se présenta donc comme une couturière venant apporter un carton, et il fut introduit; mais quand, se jetant aux pieds de la dame, il lui fit une déclaration, la Florentine, saisie d'un fou rire, sonna, et le prince fut surpris par le mari et les valets, au moment où, dans son grotesque accoutrement, il suppliait la jeune femme de lui épargner le ridicule.

Le mari était un homme intelligent qui n'entendait pas qu'un prince sans le sou se permît de vouloir supplanter un comte bien renté et généreux.

En conséquence, il fit jeter Louis-Napoléon à la porte, non sans recommander qu'on le battît pour lui ôter toute envie de recommencer.

L'affaire causa un scandale dont plusieurs journaux parlèrent, et l'on en fit des goges chaudes dans Florence où, même empereur, Louis-Napoléon ne se releva jamais de sa chute sur les dalles d'un trottoir, alors qu'on le mettait dehors; après Mentana, un journal satirique de Florence publia même une caricature représentant l'empereur, déguisé en femme et se débattant dans un ruisseau, pendant que des dames riaient aux fenêtres.

En légende, on lisait : *Souvenir d'amour* (1830).

Nous citons cette équipée, parce qu'elle est typique et qu'elle donne une idée exacte des excentricités dont l'empereur était capable, quand il aimait une femme.

Nous pourrions rappeler vingt autres anecdotes de ce genre et insister sur sa manie pour les déguisements; car s'il prit une jupe de femme à Florence, il endossa la jaquette du policeman à Londres, pour visiter le bouge où il ramassa miss Howart.

Nous nous contenterons, dans ce chapitre, de dire encore ce qui lui advint au cours de ses relations avec la duchesse de ....; cette aventure qui entraîna deux meurtres, sert de préface à la conspiration de la princesse ..... que nous racontons ensuite.

Donc, avant qu'il fût épris de la princesse X... Napoléon III avait été très-appréciateur des charmes d'une grande dame italienne, une duchesse celle-là, qui avait le mari le plus parfait qu'elle pût souhaiter; car il avait été seul à ne pas savoir que le roi Victor-Emmanuel avait prouvé à la duchesse combien il était galant homme.

Mais Victor-Emmanuel était volage; la duchesse, délaissée par lui, sachant que Napoléon III tranchait du Louis XIV, et se sentant assez belle pour faire une impératrice de la main gauche, la duchesse, bien avisée, fit envoyer son mari en mission à Paris et le suivit.

Elle parut à la cour et elle put écrire au petit roi de Piémont, comme jadis César au Sénat romain, mais avec une variante :

« Je suis venue, je me suis fait voir et j'ai triomphé. »

En effet, elle enleva tous les suffrages dès la première soirée et l'empereur s'enflamma si bien, qu'il s'afficha publiquement, au point d'inquiéter vivement l'impératrice.

Celle-ci crut habile de faire asseoir sa rivale près d'elle. Tout en ayant l'air de la combler de prévenances elle lui adressait des menaces qui parurent faire impression sur la duchesse.

En effet, la duchesse, dès le lendemain, écrivait à l'impératrice une lettre charmante, lui disant qu'elle ne paraîtrait plus à la cour et qu'elle serait désolée de lui causer le moindre ennui.

Elle se retira à Passy dans une petite villa ombreuse et charmante.

C'était précisément la *petite maison* dont nous avons parlé.

L'empereur, à qui elle appartenait, y venait souvent en catimini et il s'amusait fort avec la duchesse de la façon dont il déjouait la jalousie de son Espagnole.

Celle-ci, cependant, redoutait beaucoup plus la duchesse qu'aucune autre; elle se sentait moins belle, moins spirituelle, moins attrayante que cette Italienne dont la supériorité l'écrasait.

Aussi, quand elle sut que l'empereur la trompait et se moquait d'elle, éprouva-t-elle un de ces transports de rage espagnole qui la rendaient implacable et lui faisaient tout oser.

Toutefois, avant d'agir, elle essaya d'effrayer l'empereur, en lui faisant envoyer des avis de l'étranger, annonçant que la duchesse était au service de Mazzini; mais l'empereur découvrit là source de ces avertissements et n'en tint aucun compte.

Toutefois, il enjoignit à son garde du corps Criscelli, de veiller plus que jamais, à tout hasard.

Or, un soir, l'agent corse ayant remarqué dans la maison quelque chose d'insolite, se mit en embuscade dans un couloir donnant accès à une antichambre qui précédait le salon où l'empereur venait d'entrer; quelque temps après, il vit la femme de chambre de la duchesse introduire dans cette antichambre un homme aux allures plus que suspectes.

Criscelli saisit cet individu au collet; mais, à la vue d'un poignard tiré par cet homme, Criscelli le tua sans hésiter.

— L'arme, dit-il lui-même dans ses mémoires, pénétra de haut en bas, et le sang, s'épanchant à l'intérieur, étouffa la victime.

La femme de chambre jeta un cri; mais elle fut aussitôt poussée, enfermée à clef dans un cabinet et gardée à vue.

L'empereur, au cri de la femme, était sorti, avait heurté le cadavre, et Criscelli lui avait conseillé de se retirer, sous la protection de l'escouade accourue et des écuyers d'escorte.

La duchesse était atterrée.

Cependant Criscelli, resté dans la *petite maison*, examinait le cadavre de sa victime; à sa grande surprise, il constata qu'il avait tué un Corse, son compatriote et son confrère.

C'était un agent secret.

Criscelli appela son lieutenant, qui était un certain Zampo et ils fouillèrent le mort; ils prirent son poignard, son révolver, sa carte d'agent, tout ce qu'il avait sur lui de papiers ou d'objets pouvant éclairer la police sur ses intentions.

Cela fait, Criscelli ordonna à Zampo d'emmener, dans la même voiture, le corps du mort et la femme de chambre vivante.

Zampo devait attendre de nouvelles instructions dans un terrain vague dont Criscelli détermina exactement la position.

Ces précautions prises, l'agent monta à cheval et courut aux Tuileries où l'empereur l'attendait ; mais déjà la duchesse avait eu la présence d'esprit d'y dépêcher un émissaire que personne n'avait retenu, car toute l'escouade de sûreté avait quitté la *petite maison* et ses abords pour reconduire Napoléon III.

Criscelli fut stupéfait de l'accueil qu'il reçut de son souverain.

— Savez-vous qui vous avez tué ? demanda l'empereur à l'agent.

— Pas encore, sire, répondit Criscelli, mais je le saurai demain.

Il se doutait de quelque chose et voulait laisser parler l'empereur.

Celui-ci repartit avec une nuance de dédain très-marquée pour l'agent :

— Inutile de chercher. Vous avez tué l'amant de la femme de chambre de la duchesse.

Criscelli comprit ce qui avait dû se passer, et il avoue, dans ses mémoires, qu'il prit en pitié l'homme auquel on avait fait une réputation surfaite de finesse et qui se laissait berner de la sorte.

— Sire, dit-il, vous a-t-on donné le nom de cet homme ?

— Oui, répondit l'empereur.

Puis se radoucissant :

— Vous avez été étourdi, Criscelli ; votre zèle vous a emporté ; mais vous avez eu la main malheureuse. Vous auriez dû savoir que cet homme était au service de la duchesse.

Criscelli vit clair dans le jeu de la maîtresse de l'empereur.

— Sire, dit-il, la duchesse vous a envoyé un émissaire ; elle a inventé une fable pour se disculper ; voici la preuve que l'homme que j'ai tué était un assassin.

Et Criscelli montra le poignard, le revolver, la carte et les papiers de l'agent tué.

— C'était probablement, dit Criscelli, un traître soldé par les mazziniens et il était de connivence avec la duchesse.

L'empereur doutait encore.

— Ces armes ne prouvent pas que l'homme ait eu d'autre intention que celle de se défendre, dit-il.

Et il sonna pour que l'on fît entrer un haut fonctionnaire de la préfecture.

Il le questionna sur l'agent tué par Criscelli ; le chef de service déclara que c'était un excellent sujet, depuis longtemps attaché à la préfecture et très-dévoué.

Mis au courant, il se rangea à l'avis de l'empereur, et déclara que l'agent pouvait bien être tout simplement l'amant de la femme de chambre.

— On peut interroger cette femme, dit Criscelli.

Et il indiqua l'endroit où elle se trouvait.

L'empereur y envoya le chef de service, avec ordre de savoir la vérité au plus vite.

D'autre part, Criscelli venait d'avoir un soupçon qu'il tenait à vérifier.

— Sire, dit-il, j'ai idée que le poignard doit être empoisonné.

— Le fait est facile à vérifier, dit l'empereur.

On envoya chercher, chez un serviteur du palais, un perroquet qui avait été dressé à la courtisannerie par son propriétaire et qui criait à tue-tête : « Vive l'empereur ! »

Il fut piqué légèrement avec le poignard et il mourut dans des convulsions atroces.

Il fut démontré plus tard que le poison était du *curare*.

Criscelli triomphait.

Survint un second émissaire de la duchesse, apportant une nouvelle lettre.

L'empereur congédia Criscelli qui ne connut ni le contenu de la lettre, ni les révélations faites par la femme de chambre.

Dans ses mémoires, il prétend que l'empereur, convaincu de la culpabilité de la femme de chambre, ordonna qu'elle disparût sans bruit ; mais il ne dit rien et ne savait probablement rien de ce que le chef de service avait découvert.

La femme de chambre, vivement pressée et frappée même violemment, a-t-on dit, avoua qu'elle avait consenti à introduire l'agent ; mais celui-ci ne voulait pas le moins du monde tuer l'empereur ; il avait la mission de simuler une scène de vol et de frapper la duchesse.

Le lendemain, on aurait répandu le bruit d'une attaque par une bande de voleurs, sur le compte de laquelle on aurait mis le meurtre de la duchesse.

Mais qui avait armé le bras de l'agent ?

Ce n'étaient pas les mazziniens.

Le coup venait d'une rivale assez haut placée pour que l'agent crût pouvoir tuer la duchesse en toute sécurité.

Tel était l'aveu de la femme de chambre.

L'empereur, cependant, ne connut pas la vérité.

Le chef de service, qui fit depuis un très-beau chemin, grâce à la toute-puissante protection de l'impératrice, déclara que la femme de chambre avait confessé sa complicité ; mais il présenta l'affaire comme un complot mazzinien contre la vie de l'empereur, et il reçut carte blanche à propos du mort et de sa complice.

Zampo fit alors bien réellement, comme le dit Criscelli, disparaître les deux coupables en les ensevelissant dans la même tombe, creusée au milieu de ce terrain désert d'où, déterrés peu après, ils furent jetés dans la fosse commune du cimetière de Boulogne.

En vain, la duchesse protesta-t-elle de son innocence !

Elle dut partir...

Loin de supposer que c'était elle qui était menacée, l'empereur resta longtemps persuadé qu'elle l'avait trahi ; elle ignorait absolument de son côté le fin mot de la chose.

Le chef de service, qui avait su donner une tournure mazzinienne à l'affaire, ne cacha pas à la rivale de la duchesse qu'il savait la *vérité vraie*, et il reçut une récompense considérable.

Telle est la particularité qu'ignorait encore Criscelli, quand il écrivit ses mémoires.

De l'étranger, où elle s'était réfugiée, la duchesse étudia l'affaire.

Dans le premier moment, elle avait cru devoir prétendre que l'homme tué était l'amant de sa femme de chambre ; plus tard, elle découvrit que c'était à sa vie qu'on en avait voulu.

Triomphante, elle envoya des preuves de son innocence à l'empereur et se plaignit de la persécution qu'elle avait subie.

Aussi fut-elle rappelée sur-le-champ, fêtée et amplement dédommagée.

Son retour fit grand bruit.

Criscelli lui-même ne se l'expliqua point, puisqu'il ne connaissait pas le fond même de cette singulière aventure.

On conçoit que, s'il était resté prouvé à l'empereur que la duchesse avait voulu le livrer au poignard des mazziniens, elle ne serait jamais rentrée aux Tuileries, où elle reparut triomphante, au grand déplaisir de l'impératrice.

Hélas !... cette Italienne avait passé par Berlin !...

Elle avait accepté la mission d'endormir nos défiances et d'espionner la cour. Elle avait l'ardent désir de se venger ; elle voulait précipiter de tout son pouvoir le dénoûment prévu du règne commencé par le crime du 2 décembre, et qui, pour tous les yeux clairvoyants, devait finir par une catastrophe.

La duchesse rentrait en France, n'éprouvant pour l'empereur que du mépris ; elle lui reprochait d'avoir été lâche en l'envoyant en exil sans lui permettre de se justifier.

— Il a eu peur et il a vu trouble ! disait-elle. Ce n'est pas un homme, mais un fantoche.

Quant à l'impératrice, la duchesse lui avait voué une haine mortelle.

D'autre part, elle était très-reconnaissante à la Prusse d'un service rendu.

Lorsque, retirée à Berlin, elle avait raconté son aventure, affirmant que jamais elle n'avait voulu faire tuer l'empereur et qu'il y avait un mystère dans le drame de la *petite maison*, un personnage des plus influents de l'entourage du roi Guillaume avait promis à la duchesse de tirer cette affaire au clair.

Depuis longtemps déjà, la Prusse avait couvert la France et surtout Paris d'un réseau d'espions ; on sut plus tard avec quelle admirable sagacité ce service avait été organisé et avec quelle précision merveilleuse il fonctionnait.

Il suffit donc de mettre les espions prussiens sur la voie ; ils eurent débrouillé tous les fils de l'affaire en moins de six semaines, et ils fournirent à la duchesse des moyens sûrs et prompts de justification.

Elle intéressa prodigieusement l'empereur en lui apprenant, non-seulement qu'elle était la victime désignée aux coups de l'homme tué par Criscelli, mais en lui révélant une certaine intrigue sur laquelle nous reviendrons.

Toujours est-il que Napoléon III, plus que jamais épris de la belle duchesse, et croyant avoir les plus grands torts à réparer, la fit revenir à Paris et prévint sa rivale que, tant haut placée qu'elle fût, il jurait de la punir si elle renouvelait ses tentatives d'assassinat.

La duchesse, du reste, avait donné à l'empereur certains renseignements qui permettaient à celui-ci de parler haut et ferme.

Nous raconterons à ce sujet des faits très-intéressants.

La duchesse, mise en rapport à Berlin avec le chef du service d'espionnage, exprima, sans ménagements, devant lui, sa haine pour nous.

Ce personnage, bon gentilhomme du reste, du meilleur monde et de très-grande valeur, quoi-que espion lui-même, exploita les sentiments de la duchesse et le faible que ces sortes de courtisanes montrent toujours pour l'argent.

De beaux honoraires et les occasions de nuire, c'était plus qu'il n'en fallait pour que la duchesse fût dévouée corps et âme à la politique prussienne.

Avant de revenir en France, elle voyagea en Italie, dans le but, qu'elle atteignit facilement, de préparer, pour l'avenir, des moyens d'attache entre certains personnages italiens et le cabinet de Berlin, en vue d'une future alliance.

Elle affichait alors bien haut sa résolution de ne pas rentrer en France, ce qui navrait l'empereur.

Quand elle revint, sur les appels réitérés de celui-ci, elle avait posé ses conditions ; elle fut reçue aux Tuileries, et l'impératrice elle-même fut forcée de plier son orgueil et de bien accueillir sa rivale, nous disons pourquoi plus bas.

Depuis, la duchesse fut de toutes les fêtes et elle s'ingénia à écraser la souveraine sous l'éclat de sa beauté plus pure, plus correcte, plus rayonnante.

C'est alors que s'engagea une lutte de coquetterie, qui eût été des plus amusantes, si la France n'en eût point fait les frais, et si le luxe effréné de la cour n'eût donné une impulsion folle et démoralisatrice au goût des dépenses fastueuses et inutiles.

Pour lutter contre sa rivale, l'impératrice établit aux Tuileries un atelier de couture et de modes, où les meilleures ouvrières de Paris travaillaient en permanence ; chaque matin, on discutait la toilette du soir. Les dessinateurs distingués étaient appelés à crayonner des toilettes inédites, et les rédacteurs des journaux de mode avaient leurs petites entrées dans les ateliers avec voix consultative.

Un couturier célèbre décidait en chef et présidait à tous les conciliabules qui se tenaient dans la salle des Maréchaux ; M. Roze y représentait le connétable de la couture et tenait en mains son mètre comme un bâton de commandement.

Au-dessus étaient les ateliers.

Par un système de trucs, on faisait descendre des mannequins avec des têtes de cire, moulées d'après celle de l'impératrice ; un coiffeur et ses aides mettaient de l'harmonie entre les coiffures et les toilettes ; les mannequins descendaient frisés, peignés, parfumés... étalant leurs traînes et des merveilles de coupe et de nuances ; les dessinateurs, les journalistes, les gens de goût, convoqués là, émettaient leur avis ; on corrigeait tel pouf, on modifiait telle garniture, on inventait un crevé, on redressait un pli ; les mannequins étaient renvoyés *à correction*; puis ils redescendaient, et, après un résumé du président, Sa Majesté choisissait en dernier ressort.

Chaque jour, quatre toilettes : celle du matin, celle du jour, celle du soir et celle de la nuit.

L'impératrice n'y manqua jamais.

Elle voulait triompher de la beauté supérieure de sa rivale, à l'aide de l'étonnante variété d'impressions qu'elle parvenait à produire par des transformations inouïes. Elle avait l'art des contrastes, et elle réussit souvent à l'emporter sur la duchesse, en émoustillant les fantaisies de l'empereur, qui eut vers elle des revirements fréquents.

Mais que d'efforts pour obtenir ce succès!

Jamais l'impératrice, depuis le retour de la duchesse, ne mit deux fois la même robe; ses femmes de chambre faisaient leur profit de tout vêtement porté, ne fût-ce que pendant une heure.

Seulement l'impératrice mettait une restriction à ses générosités; elle voulait que nulle ne parût le lendemain, vêtue comme elle l'avait été la veille; elle tenait à garder le secret de certains poufs et de certaines coupes; aussi les femmes de chambre conservaient-elles pendant une année les dons de l'impératrice.

L'année révolue, on faisait une vente aux Tuileries.

Toutefois, des actrices obtenaient souvent, à force de flatteries et de sollicitations, la permission d'acheter une toilette datant de quinze jours.

Alors, grand émoi au théâtre!

L'importante, l'énorme, la bienheureuse nouvelle était colportée dans les coulisses, répétée à la salle par les échos des troisièmes dessous; le bruit s'en répandait en ville, courait par les rues, envahissait le rez-de-chaussée des journaux, s'étalait dans les feuilletons dramatiques, inondait la France et débordait sur le monde.

De Paris à Chandernagor, on savait que mademoiselle Antonia jouait son rôle dans une robe portée par l'impératrice; on assiégeait le théâtre pour admirer la traîne; c'était une mode qui s'imposait; quinze jours plus tard, toutes les grandes dames de Saint-Pétersbourg s'habillaient *à l'impératrice Eugénie*, et, de Paris, il partait des cargaisons de costumes dans le *genre impératrice*, à tous prix (exportation), dont les créoles du Nouveau-Monde raffolaient.

Ça faisait marcher le commerce, un certain commerce; mais ça ruinait les maris; ça menait les uns à la faillite, les autres au suicide; la femme prenait, en France, cette omnipotence malsaine des époques de décadence; on en revenait aux mauvais jours de la Régence et de Louis XV.

Ah! le commerce, qui marchait si bien, a su ce qu'il en coûtait à un pays d'avoir une *impératrice du chiffon*; toute cette prospérité soufflée s'est évanouie en quelques semaines; le premier coup de canon prussien a crevé ce trompe-l'œil, et la France atterrée s'est trouvée sans armes, sans soldats, énervée par l'excès des jouissances, étourdie par le choc, en face d'un peuple rude, pauvre, patient, savant et brutal, qui économisait sur la poudre de riz pour acheter de la poudre à canon.

N'est-il pas déplorable, ce régime du gouvernement personnel et de l'arbitraire, tel que l'a pratiqué l'empire, qui met les secrets de l'Etat à la discrétion d'une courtisane!

Toutes les passions, toutes les fautes du souverain sont funestes à la nation; les caprices de la souveraine elle-même peuvent avoir des conséquences désastreuses.

Ainsi, la jalousie de l'impératrice Eugénie, jalousie d'influence et non d'affection, aurait pu avoir pour heureux résultat de paralyser les intrigues de la duchesse; à force de scènes, de manœuvres, d'énergiques menaces, la femme de Napoléon III aurait certainement obtenu le renvoi de la maîtresse en titre.

Malheureusement l'empereur, comme nous l'avons dit, avait en mains de quoi forcer l'impératrice au silence. Si les faits que nous allons raconter n'étaient point connus de tout le monde à l'étranger, nous nous abstiendrions de les livrer à la publicité; mais le scandale fut si grand, si complet, que tout scrupule s'évanouit après tant de bruit.

Comme il est encore des gens épris de cette *impératrice du chiffon* qui s'efforçait de paraître gracieuse et charmante aux yeux de la foule et qui s'étudiait à se faire des adorateurs dans le pays par le prestige de la toilette; comme les vieux beaux de l'empire ont conservé le culte de leur souveraine et prétendent qu'elle fut austèrement vertueuse, il importe, sans dépasser les limites de la plus scrupuleuse vérité, de retracer le caractère réel de l'impératrice.

En matière si délicate nous croyons qu'il n'y a rien de mieux à faire que de laisser la plume à l'impératrice elle-même, puisqu'elle a profilé de sa main et à son insu, certains traits piquants de sa physionomie morale, dans des lettres devenues publiques.

A cette époque, elle voyageait...

Elle a voyagé plusieurs fois.

Dans quelles conditions?

Un bourgeois s'en fût offusqué.

Il est toujours inconvenant de laisser courir, seule, par le monde, une jeune et jolie femme, très en vue, en butte à des hostilités cherchant toute occasion de mordre sur une réputation; c'est dangereux surtout si cette femme a fait causer avant le mariage; si on lui a prêté, à tort ou à bon droit, des aventures tout au moins compromettantes; s'il y a eu mort d'homme sur son passage; si... mais laissons ce passé; nous ne l'avons évoqué que pour constater qu'un mari, en pareil cas, exigerait de sa femme la plus grande retenue.

L'empereur n'était pas de ces époux qui sentent la délicatesse de certaines nuances et le risqué de certaines démarches; il avait aimé l'impératrice; il l'avait épousée, parce qu'elle avait habilement résisté; il avait des retours de caprice pour elle; alors, il éprouvait de la jalousie; mais ce n'était que par accès. Le plus souvent il serait resté indifférent, s'il n'eût redouté le scandale d'une naissance adultérine; aussi, n'est-il pas surprenant qu'il ait consenti à laisser sa femme parcourir l'Ecosse et l'Orient, au moment où il éprouvait lui-même le besoin de se livrer à quelque nouvelle intrigue, que gênait la présence de l'impératrice.

Lorsque celle-ci, prise d'un beau zèle catholique et d'un amour ardent pour les pèlerinages, raconta à son mari qu'elle avait fait vœu d'aller en pèlerinage aux Lieux-Saints, si son fils guérissait de ses plaies scrofuleuses, l'empereur conseilla le départ pour Jérusalem.

L'impératrice s'embarqua pour l'Egypte; mais elle eut la fantaisie de passer par Constantinople; elle avait vu le sultan à Paris; elle en avait reçu des marques d'admiration très-galantes; mue par un sentiment de coquetterie qui eût été très-naturel chez une princesse libre et émancipée, comme on en a vu à la cour impériale, mais très-compromettant pour la souveraine d'un grand pays, désireuse de se voir complimenter par le padischah, dont quinze cents femmes, des plus belles, attendaient un regard, l'impératrice fit route vers le Bosphore.

Plaire au sultan à Paris, loin du harem, ce n'était qu'une victoire banale ; mais l'emporter sur les odalisques, à la *Corne d'Or* même, c'était un éclatant triomphe.

Pour l'impératrice du chiffon, c'était le couronnement de l'édifice.

Elle fut reçue avec transport par S. M. ottomane et Constantinople se mit en fête ; les Turcs se montraient très-fiers de cette visite d'une souveraine au Grand-Seigneur et leurs poëtes la comparaient à celle que fit la reine de Saba à Salomon.

Il ne fut bruit à Péra, à Scutari et dans tout l'empire islamite que de cette aventure ; Napoléon III en fut instruit par sa femme elle-même.

Elle apprit à l'empereur que, pour plaire au sultan, elle avait consenti à quitter la robe européenne et le chapeau *bibi*, pour prendre la calotte turque et la veste des odalisques...

Après le départ de l'impératrice, laissant le sultan fort attristé, dit-on, on croyait que l'*Aigle* et sa passagère se dirigeraient vers la Syrie et les lieux saints, but du voyage.

Il n'en fut rien.

L'impératrice avait réussi à éblouir le sultan ; cela ne lui suffisait pas ; elle était insatiable de victoires et impatiente des luttes de la coquetterie ; il lui fallait un nouveau triomphe, complétant le premier.

Après le sultan, le khédive.

L'impératrice avait aussi vu ce dernier à Paris et elle avait alors remarqué qu'il se montrait tout aussi épris d'elle que son suzerain.

Etait-ce simple galanterie, habile flatterie d'un vice-roi aspirant alors au titre de khédive (roi) et voulant gagner les bonnes grâces de la souveraine d'un pays qui marchait à la tête de l'Europe et qui exerçait une grande influence sur la Sublime-Porte ?

Etait-ce au contraire une sincère passion ?

Dans ce cas, n'aurait-elle pas été très-atténuée par ce merveilleux entourage d'almées, de Circassiennes, de divas célèbres et d'actrices fameuses, pour lesquelles le khédive dépensait tant de millions, pressurait l'Egypte et s'endettait sur les marchés financiers du monde.

Le sultan, lui, n'avait que des odalisques ; on pouvait le conquérir par le stimulant du contraste ; mais le khédive avait le harem musulman et les villas de ses maîtresses européennes.

C'est sur ce terrain difficile qu'il fallait vaincre en s'inspirant des grandes traditions de Cléopâtre.

L'impératrice se rendit donc au Caire, sous prétexte de visiter le canal de Suez.

Elle y fut reçue par le khédive avec les plus grandes démonstrations d'enthousiasme, et elle accepta des fêtes où les fantaisies érotiques de l'Orient s'étalèrent avec un cynisme que l'im-

pératrice constate et qui l'intéressait ; du moins elle le dit dans cette même lettre du Caire, déjà citée.

Elle écrivait à l'empereur :

« Les danses dans le harem sont celles des bohémiennes d'Espagne, *plus indécentes peut-être*. Aujourd'hui je suis restée tranquille pour me reposer, car je suis très-fatiguée, *mais très-intéressée par tout ce que je vois*. On ne dirait jamais que nous avons en si peu de temps fait tant de chemin et visité tant de pays divers. Je fais collection de souvenirs et je te raconterai cela au coin du feu. »

Franchement, que penser de ce foyer, autour duquel une mère de famille promet de raconter les étranges choses dont elle a été le témoin, et qui semblent ne pas lui avoir déplu, au contraire.

Au milieu de ces plaisirs, destinés uniquement à surexciter les sens, le khédive s'enflammait ou paraissait s'enflammer pour la coquette souveraine à laquelle il offrait l'hospitalité la plus fastueuse.

L'impératrice, enchantée, prit son mari pour confident de la cour pressante que lui faisait le roi d'Egypte.

Elle lui écrivait :

« YACHT IMPÉRIAL *l'Aigle*.

« Le Caire, le 23 octobre 1869.

« Mon très-cher ami,

« Merci de ta bonne lettre ; je suis heureuse, tu le sais, quand tu approuves ce que je fais, et tu peux être sûr que tous mes efforts sont toujours portés à te faire le plus grand nombre d'amis possible.

« L'idée du roi m'a bien amusée, *car il a été d'un galant à te faire dresser les cheveux*. Je ne sais si la présence d'un tiers le gêne pour me faire des confidences politiques ; mais, dans tous les cas, pas les autres !... Enfin j'ai fait de mon mieux pour lui plaire, et je te ferai bien rire en rentrant et en te racontant mon entrevue. »

— Rire jaune ! disait le confident de l'empereur, Z..., l'homme de lettres qui excellait si bien à nager dans toutes les eaux et qui était parvenu à se faire bien venir de l'impératrice elle-même. Z..., auquel l'empereur lut cette lettre, ne put s'empêcher vers les derniers temps, quand le trône chancelait, d'en parler à un ami, et ce fut lui, non les partis hostiles, qui osa incriminer avec le plus de fiel la conduite de l'impératrice pendant ce voyage.

Z... était de ceux qui *servent*, mais qui se vengent de leur platitude par de sourdes calomnies contre qui les paye.

Ce fut lui qui livra aux railleries des salons orléanistes le passage d'une autre lettre de sa souveraine exactement copié, comme on le vit du reste par l'original, et dans lequel l'impératrice se laissait aller à une description pseudo-poétique des splendeurs de l'Egypte, description où le souffle lui manquait autant que l'orthographe.

Cette mascarade fit beaucoup jaser à Péra, quartier européen.

Quoi! une impératrice française se travestissait en danseuse du sérail chez le sultan ! Mais c'était le comble du scandale !

Déjà, la visite, la simple visite, avait été commentée de la façon la plus défavorable; on trouvait inconvenant que l'impératrice se fût risquée à s'inviter, d'elle-même, chez un souverain oriental, étant donné les mœurs et les coutumes du harem; car, ni la sultane favorite, ni la sultane mère, ne présentent les garanties qu'offre la femme mariée chez nous.

La favorite subit toutes les infidélités de son maître et seigneur sans oser protester; la mère du padischah doit, chaque année, lui présenter la plus belle vierge esclave que l'on ait pu rencontrer sur les marchés du Levant.

C'est ce que firent remarquer ceux qui, à Péra et dans les villes des Echelles, blâmaient énergiquement toutes ces fantaisies bizarres; mais, quand l'on sut que Sa Majesté Eugénie avait chaussé les babouches *du Kief* (de la sieste) et fumé le narghillé traditionnel, il y eut un déchaînement de colère chez les Français, qui devenaient l'objet de plaisanteries acerbes et d'insinuations malveillantes dans tous les ports méditerranéens.

De là, les rixes si fréquentes qui éclatèrent à cette époque entre nos matelots et ceux des nations étrangères.

La population turque, dans le Levant, prenait, il est vrai, parti pour les nôtres; mais elle donnait, avec une brutale naïveté, sur son attitude favorable, des explications extrêmement désagréables pour notre dignité, ou du moins pour celle de notre gouvernement.

On ne saurait imaginer à quel point l'équipage de *l'Aigle*, qui transportait l'impératrice, était surexcité; il fallut toute la puissance de la discipline pour maintenir les matelots dans les bornes du respect apparent.

Du reste, les états-majors même de la marine militaire étaient si exaspérés, si mécontents, qu'il y eut presque un éclat, certain jour, à bord d'un vaisseau-amiral.

L'impératrice avait un penchant romanesque pour les officiers de marine; elle ne manqua jamais l'occasion de passer une flotte en revue. Quelques jours avant la dernière guerre, elle courait à Cherbourg inspecter nos escadres en partance pour la Baltique.

Or, pendant son voyage en Orient, elle eut la fantaisie de se faire présenter les officiers de l'une de nos divisions navales. L'amiral qui commandait obéit à ce désir; mais, ayant appelé à bord tous les officiers, il se contenta de présenter son sous-ordre, le chargeant de présenter les autres officiers; le sous-ordre imita son chef et fut imité par les capitaines de vaisseau.

Ignorante des usages, l'impératrice ne comprit pas la portée de cet affront et se déclara satisfaite de ce défilé brillant; la leçon fut perdue.

Ce qui avait rendu l'impératrice si impopulaire dans les escadres, c'est qu'elle avait une façon toute particulière de montrer ses sympathies pour la marine; dès qu'un officier de la flotte arrivait à Paris et paraissait aux Tuileries, l'impératrice se le faisait présenter; elle s'étudiait à paraître gracieuse, lui parlait de son avancement, lui promettait sa protection et tenait parole. Elle tourmentait le ministre jusqu'à ce qu'il eût nommé le protégé à un grade supérieur.

Et Sa Majesté s'imaginait avoir bien mérité de la flotte, qu'elle comblait de faveurs, disait-elle.

Or, le plus souvent, cet avancement ainsi obtenu était donné au détriment d'officiers plus méritants par l'ancienneté ou par les services.

Aussi, loin de se gagner le cœur des marins, l'impératrice s'aliénait-elle les esprits les plus remarquables.

Une lettre, écrite précisément pendant son voyage, à bord de *l'Aigle*, le 28 octobre 1869, témoigne de cette intervention fâcheuse et maladroite de la souveraine dans les questions d'avancement.

Cette lettre contient le passage suivant, dont le brouillon, étourdiment chiffonné jeté au panier fut ramassé et circula dans les équipages.

S'adressant à l'empereur, l'impératrice lui écrivait donc :

« Tu devrais parler à l'amiral du commandant de Surville; celui-ci ne m'a pas parlé, mais les officiers de son bord en ont parlé à ces messieurs. Il paraît que dernièrement M. Jauréguiberry aurait passé contre-amiral; étant moins ancien que le commandant de Surville, ceci lui aurait fait beaucoup de peine. Mais, je te le répète, il ne m'en a pas soufflé mot. Comme le ministre est ombrageux, tu ferais bien de prendre des ménagements avec lui. »

Nous citons le texte authentique, tel qu'il existe dans la lettre même trouvée parmi les papiers des Tuileries; il n'y a qu'une très-légère variante entre le brouillon et l'original.

Le dernier paragraphe, concernant le ministre, prouve que celui-ci résistait honorablement à ces sollicitations de la souveraine. Il en était obsédé.

L'impératrice écrivait à la fin d'une de ses lettres :

« En attendant, je joui (*sic*) de mon voyage, des couches (*sic*) du soleil, de cette nature sauvage cultivée sur les rives dans une largeur de 50 mètres (*sic*), et, derrière le désert avec ses dunes et le tout éclairé par un soleil ardent.

« Au revoir et crois à l'amitié de ta dévouée,

« Eugénie. »

Cultivée sur une largeur de 50 mètres!
Quelle poésie !
Quelle précision !
Cette description brillante, en style d'arpenteur, des splendeurs du Nil et des beautés de l'Egypte, fit les délices du faubourg Saint-Germain, grâce à Z... qui répandit un peu partout, dans les salons hostiles, des copies de cette phrase.

Ce Z... était un caméléon qui parvenait à se faire accepter partout, en changeant de couleurs selon les milieux.

Il était précieux à tous, servait d'intermédiaire entre la cour et le faubourg; il faisait distribuer des faveurs aux légitimistes et aux orléanistes, leur épargnant l'humiliation de solliciter. Il racontait aux Tuileries les bonnes histoires d'alcôve qui scandalisaient la haute noblesse et, avec celle-ci, il daubait sur les mœurs du château.

Partout Z... était bien accueilli, quoique méprisé, et il s'insinuait partout.

Et les femmes l'appréciaient fort, car il négociait une intrigue avec une grâce incomparable, racontant une anecdote graveleuse en la couvrant du voile diaphane des allusions spirituelles, et, surtout, il savait excellemment apporter, aux pieds d'une grande dame, la déclaration d'un joli monsieur, et jeter dans le giron d'une courtisane les offres d'un vieux beau.

Un jour, caractérisant d'un mot piquant le genre de services dans lequel ce littérateur palmé et trop décoré excellait, Théodore Barrière, qui avait à se plaindre de lui, s'écria :

— Ce n'est pas le hareng-saur qui est le plus intrigant des poissons, c'est Z...

Le mot fit fortune.

Pendant quinze jours, sur le boulevard, les gens de lettres et les artistes ne s'abordaient plus qu'en s'avertissant que Z... était le plus intrigant des poissons.

Z... flagellé de la sorte, fut cruellement froissé, non dans son honneur — ce qui eût été difficile — mais dans sa vanité qui aiguisait sa susceptibilité.

Il tomba malade d'une jaunisse que l'on appela : *la Revanche des maris*.

Le marquis de Boissy, d'étonnante mémoire, détestait Z..., et pour cause ; il ne lui en rendit pas moins visite, à la grande surprise du malade, qu'il consola de la sorte :

— Peuh ! peuh ! Ce n'est rien ! Vous voilà tout jaune ; mais, ça passe, ces teintes-là ! Rassurez-vous, mon cher, vous reverdirez !

Et le sémillant marquis sortit, laissant Z... cloué sur son lit par ce sarcasme.

La fièvre redoubla ; le bruit courait dans Paris que Z... allait mourir.

Alors, un journaliste qui avait beaucoup d'humour et de rancune, improvisa les deux vers suivants, et en tira lui-même des centaines d'épreuves, qui furent lancées dans les cafés littéraires :

Enfin Z... pâmé, touche à la sombre rive,
Dans l'enfer, on s'écrie : Il arrive ! il arrive !

L'empereur et tous les hauts dignitaires reçurent, sous bande, cet avis poétique de la mort prochaine de Z... On prétend que Sa Majesté fut la première à en rire.

Mais Z..., trompant les pronostics, se rétablit et le marquis de Boissy, le revoyant à la cour, le salua de cette phrase :

— Ah ! je l'avais bien prédit. Vous voilà fringant comme le chevalier Printemps ! Toujours vert !

Z... vit encore au moment où j'écris ces lignes ; il est vert, toujours vert, mais c'est de moisissure.

Il est singulier qu'il ait conservé les bonnes grâces des bonapartistes, car personne n'a fait plus de mal à l'impératrice, dont il a déchiré la réputation à belles dents.

Ainsi, racontant des faits comme ceux qui émaillèrent le voyage en Orient de Sa Majesté Eugénie, nous nous sommes contenté de les exposer et de constater qu'ils étaient compromettants.

Quant à conclure qu'il y eût là plus que des étourderies, ou, pour parler le langage du monde, plus que des inconséquences, nous ne l'oserions pas, laissant chacun juge d'apprécier en matière si délicate.

Z..., lui, n'a jamais montré cette retenue et il envenima les choses au point de prétendre que jamais l'impératrice n'avait songé à se rendre à Jérusalem, qu'elle n'avait d'autre but que de revoir le sultan et le khédive.

Par malheur pour elle, l'impératrice revint en effet sans être allée visiter les Lieux-Saints, but avoué du voyage.

Nous avons raconté ces détails pour qu'il fût bien établi que l'impératrice était sujette à des entraînements irréfléchis.

Ses lettres mêmes le prouvent ; elle n'avait pas le sentiment des convenances et de la retenue.

Rien d'étonnant, donc, à ce qu'elle eût fourni à son mari des sujets de récrimination dont il se servait à l'occasion pour la mater, comme dans l'affaire de la duchesse qu'il imposa à l'impératrice, quand la belle Italienne revint d'exil.

A cette époque, l'empereur avait mis la main sur une correspondance sentimentale de sa femme avec un officier de marine.

C'était Collet-Maigret qui était chargé d'ouvrir les lettres suspectes et ce fut lui qui découvrit que l'officier correspondait avec la souveraine.

L'empereur était dans ce quart d'heure-là, sous l'empire d'un de ces caprices qui le ramenaient à sa femme ; il eut des colères jalouses, fit des scènes à l'impératrice et ordonna au ministre de la marine d'envoyer l'officier en Cochinchine, avec recommandation de lui donner un de ces postes, où la dyssenterie et les fièvres font des ravages tels, que six mois de séjour y équivalent à une condamnation à mort.

Aussi relève-t-on souvent les détachements qui occupent ces points empestés de la colonie ; mais l'empereur voulait que l'officier fût oublié dans le marais sur lequel il devait être dirigé.

Lorsque ce jeune homme reçut sa lettre de service, il écrivit au ministre pour le remercier « *du billet d'enterrement* » qu'on venait de lui expédier.

L'impératrice au désespoir fit tous ses efforts pour adoucir le sort de cet officier qui doué d'une énergie physique et morale remarquable, résista aux influences délétères du climat et aux défaillances qu'entraînent les disgrâces.

Il vécut et se rappela au souvenir de la souveraine par d'énergiques coups de main.

Le *Moniteur* restait muet sur les actions d'éclat de ce brillant marin ; mais les journaux anglais d'abord, puis une feuille de l'opposition, à Paris, racontèrent les faits d'armes que l'on tenait cachés.

L'empereur eut la main forcée, et il fallut signer le décret d'avancement de son rival.

Mais, à cette époque, la duchesse était revenue.

Napoléon III n'éprouvait plus qu'indifférence pour sa femme, qui, à son tour, menaçait de faire du scandale si l'affront de supporter la duchesse aux Tuileries lui était imposé.

L'empereur revint sur l'histoire des lettres du marin : l'impératrice protesta que tout s'était passé platoniquement ; on finit par s'entendre.

L'officier fut bombardé d'une décoration, fort méritée, du reste, et on lui donna à gouverner une île charmante et fort saine ; mais l'impératrice consentit à se montrer aimable pour sa rivale dans les soirées du château.

Ainsi se termina ce conflit qui, en son temps, causa certainement autant d'émotion dans les régions du pouvoir, que s'il se fût agi d'une prochaine déclaration de guerre à une grande puissance.

L'Empereur put tranquillement faire sa cour à la duchesse qui profita de son crédit et de sa beauté pour nous faire tout le mal possible.

La duchesse suivait avec une attention extrême les progrès de notre décadence ; elle était bon juge et montrait une sagacité digne d'une Italienne de la Renaissance dans les esquisses de caractères qu'elle envoyait à Berlin.

Elle a *écrit* des portraits dont elle a conservé des doubles et dont quelques-uns sont connus du monde diplomatique ; ce sont des chefs-d'œuvre de malice et de pénétration féminines.

Grâce à elle, les Prussiens *savaient par cœur* tout notre état-major ; ils connaissaient l'*envers* des figures militaires dont la France n'avait vu que l'endroit : l'un de leurs écrivains avait pu dire avec conviction : « Si les généraux français ont eu quelque valeur, ils l'ont certainement perdue ; on en cite plus de vingt, et des plus connus, qui ne resteraient pas cinq heures à cheval. »

Et c'était vrai, trop vrai, hélas !

On remarqua (avec quelle stupeur, tous s'en souviennent) que des généraux qui avaient montré de la vaillance et de l'habileté en Crimée et en Italie, faisaient preuve de défaillances répétées et d'ineptie constatée.

Mais quoi d'étonnant !

N'avaient-ils pas dansé pendant quinze ans aux Tuileries !

Ils avaient été atteints, et des premiers, de cette lèpre morale qui gâte les qualités viriles, émascule l'homme et paralyse tous les ressorts de l'énergie.

La duchesse ne se contentait pas de jauger les caractères et de les priser le peu qu'ils valaient ; elle extorquait par des caresses félines, tous les secrets de notre faiblesse, à l'empereur, à ses généraux et à ses ministres.

Tous ces renseignements prenaient le chemin de Berlin où le dossier de ces révélations, dans le cabinet du chef de service, portait ce titre piquant.

Les secrets de l'oreiller de la duchesse.....

Ce que cette étrangère nous fit de mal est incalculable ; mais nous n'avons pas le droit de lui en vouloir.

Nation, nous nous étions livrés à un homme ; cet homme se laissait mener par une femme ; cette femme faisait son métier de courtisane ; nous supportions ce régime gouvernemental ; nous faisions fête à la duchesse ; Paris admirait cette magnifique créature et se sentait pour elle un fonds d'indulgence inépuisable.

Il serait malséant de maudire aujourd'hui la duchesse.

La France, en grande nation qu'elle est, s'est relevée ; elle a lavé ses défaillances avec beaucoup de sang et payé ses fautes de beaucoup d'or.

Paris s'est montré stoïque pendant cinq mois de famine ; son Exposition atteste que la nation a retrouvé sa puissance de travail, et qu'elle remonte rapidement les pentes au fond desquelles elle avait glissé.

Vienne la duchesse, encore belle, dit-on !

Nous n'avons plus de souverain prêt à faire des folies pour elle et, si quelque prince veut s'en passer la fantaisie, ce ne sera certainement pas, cette fois, aux frais de la France.

VI

LA VILLA DE LA BELLE AU BOIS DORMANT

Sommaire.

Les révélations du marquis de Boissy à la tribune sur les folies amoureuses de l'empereur. — Un mot de Morny : l'empereur est un recommenceur. — Le piège. — Le colonel pour tout faire. — Le mépris d'une femme. — Un monsieur entre deux eaux. — Les finesses de Z... — Le secret de la princesse. — Le feu aux poudres. — La chute d'un ange. — En laquais ! — Les précautions. — Agents et gendarmes. — Le dîner. — Un incident. — Menteur et faussaire. — Dodelinant de la tête. — La coupe brisée. — Le bond de Criscelli. — Grâce ! — En homme. — La calèche emportée. — Le coup de revolver d'Orsini. — A l'eau l'attelage. — Etranges amours. — Le réveil. — Le dernier mot !

Lorsqu'il s'agit de l'empire et de ses scandales, les anecdotes se présentent en foule à l'esprit, et l'on se laisse entraîner à les raconter pour fixer le caractère des personnages ; mais cette surabondance de faits éloigne un peu le narrateur de son sujet.

Nous y revenons, car Orsini est l'un des acteurs du drame qui va suivre.

Si la trame de notre récit s'est légèrement rompue, le lecteur nous le pardonnera, en faveur des révélations faites ; il nous permettra de lui rappeler que, si nous avons parlé de la duchesse de..., de l'impératrice, de Criscelli et de l'agent Zampo c'est que tous ces personnages devaient être amenés en scène, parce qu'ils ont joué un rôle dans ou à propos de l'aventure, dont Napoléon III fut le triste héros chez la princesse X..., Italienne comme la duchesse, mais jouissant d'une réputation de vertu austère que la duchesse n'eut jamais.

Notre but, en rappelant l'affaire de la duchesse, était de prouver que l'empereur en arrivait à oublier toutes les considérations de prudence, de convenances et de décence, quand il était affolé par un caprice violent.

Vraiment, nous aurions pu nous en dispenser, puisque le marquis de Boissy s'avisa de le proclamer un jour, à la tribune du Sénat, malgré tous les efforts du président.

Le pétulant marquis ne se laissa pas démonter par les colères de ses collègues, et il couvrit des éclats de sa voix les coups de sonnette du président, pour lancer au souverain, sous forme d'avis charitable, ce trait piquant.

« — L'empereur n'est pas assez prudent avec les femmes. Sa Majesté, par affection pour lui et pour nous, dans l'intérêt de l'Etat, ne devrait pas se mettre à tous moments à la merci de la première drôlesse venue ! »

Et le marquis se mit à jeter les noms des maîtresses de Napoléon III à ses collègues indignés de ces révélations.

Chaque nom était accompagné d'une mordante épigramme et produisait sur le Sénat l'effet d'une goutte d'acide tombant sur une fourmilière; aussi des clameurs furieuses coupèrent-elles enfin la parole à l'orateur.

Celui-ci, félicité le soir même dans un salon légitimiste, reçut cependant le reproche d'avoir mêlé le nom de la princesse de X... à celui de la duchesse...

— Permettez, dit le marquis ; on n'a pas entendu ma phrase ; j'ai proclamé la princesse honnête femme !

Or, si honnête femme que fut la princesse, elle n'en remplaça pas moins la duchesse à la *petite maison*, où l'empereur retourna, malgré ce qui s'y était passé.

Il suffit que la princesse fût vertueuse et repoussât ses offres, pour qu'il entreprît sa conquête à l'aide des moyens les plus machiavéliques.

On n'imagine pas quelle était la violence des entraînements auxquels il cédait, lorsqu'une femme lui résistait; mais son mariage même a prouvé qu'il était capable des plus grandes folies, lorsqu'un de ses caprices violents rencontrait des obstacles.

On se demande avec surprise comment tant d'entreprises galantes, si mal terminées, n'avaient point imposé quelque retenue à l'empereur, dont les poursuites amoureuses se concluaient les unes par de piteux et ridicules dénouements, les autres par des dommages graves après de périlleuses péripéties, et la plus célèbre de toutes par le mariage que l'on sait.

Un mot du duc de Morny explique ce côté du caractère de Napoléon III; on s'étonnait devant lui précisément qu'il eût été mis deux fois en danger de mort dans des rendez-vous d'amour, et, chose plus étrange, dans la même *petite maison* de Passy.

— Eh ! fit le duc, l'empereur n'a-t-il pas été partout et toujours un *recommenceur ?*

De Morny rappelait à ce sujet Boulogne recommençant Strasbourg et beaucoup d'autres actes de la vie de Napoléon III, prouvant qu'il se répétait toujours.

« — Du reste, concluait de Morny, c'est fatal; le deuxième empire recommence lui-même le premier. »

Il rappelait le 18 brumaire et le 2 décembre et toutes les similitudes des deux règnes. Il ne savait pas que Sedan devait être pire que Waterloo.

La reine Hortense, de son côté, appelait son fils le *doux entêté*.

Cette tendance à *recommencer* quand même, et cet entêtement de Napoléon III expliquent comment donc il persista à retourner dans la *petite maison*, malgré ce qui lui était arrivé.

Mazzini qui l'avait menacé, Mazzini qui voulut le forcer à tenir ses serments, Mazzini qui connaissait l'homme, qui le savait passionné et *recommenceur*, Mazzini prépara ses moyens d'action d'après le caractère de son adversaire.

Le piége qui fut tendu à l'empereur par le célèbre conspirateur italien fut des plus habiles.

L'affaire étouffée en France, peu connue à l'étranger, ne fut révélée qu'après la chute de l'empire, à la suite des indiscrétions de l'ex-police impériale elle-même.

Encore croyons-nous que jamais la publicité ne s'en est emparée; c'est donc une révélation curieuse à faire, surtout au public français.

L'héroïne de l'épisode que nous allons raconter vit encore; nous avons consulté son entourage sur les détails de cette singulière aventure, et nous sommes convaincu de serrer la vérité d'aussi près que possible, dans notre récit.

Nous nous sommes, toutefois, imposé la discrétion de taire le nom de la femme intrépide qui, en cette circonstance, osa prouver à Napoléon III, qu'il était toujours sous la main de Mazzini.

L'empereur, on le sait, malgré le caprice passionné qui l'avait amené à épouser mademoiselle de Montijo, était toujours le même coureur de cotillons que nous avons vu bien plus occupé, pendant l'insurrection italienne, de madame Gordon, que de ses devoirs de soldat et de patriote.

Il avait plusieurs maîtresses en titre et il donnait, en outre, le scandale de ses poursuites folles contre toute jolie femme en vue qui avait le talent d'émoustiller son regard atone et l'habileté de résister un peu au souverain, pour lui faire payer plus cher la défaite de sa vertu.

Or, un jour, aux Champs-Elysées, l'empereur remarqua une femme d'un beauté étrange, qui le regarda plusieurs fois avec fixité, ce qui permit au souverain d'être frappé de l'éclat extraordinaire de ses yeux.

On sait que l'homme qui remplissait auprès de Napoléon III les fonctions viles d'entremetteur, portait les insignes d'un haut grade; c'était la façon dont l'empereur entendait respecter l'honneur de l'armée.

Grâce à cet homme qui avait sous ses ordres une nuée d'agents, sans compter ceux de la police des mœurs, Napoléon III sut que la personne qui l'avait regardé avec tant d'attention, était madame la princesse X..., une Italienne de la plus haute noblesse, mariée à l'un des représentants les plus illustres d'une vieille famille patricienne de Rome.

La princesse X... était séparée de son mari, habitait Paris depuis quelque temps, mais s'était tenue jusqu'alors modestement cachée dans un appartement très-simple, où elle avait vécu entourée des hommages d'un petit cercle d'hommes distingués.

Elle était exilée de Rome pour avoir énergiquement et noblement soutenu le courage des insurgés italiens, pour s'être admirablement conduite dans les ambulances de l'armée italienne et pour avoir montré à Rome une bravoure héroïque pendant le siége de la Ville-Eternelle.

La princesse avait, du reste, une réputation de moralité bien établie; son mari avait eu tous les torts dans leur séparation; jamais la calomnie n'avait effleuré cette jeune femme.

Tel était le rapport du galant émissaire à grosses épaulettes que l'empereur avait coutume d'employer à ces sortes d'espionnages féminins.

Savant en tactique d'amour, le brillant officier prétendait que Sa Majesté ne devait pas se décourager; il citait telles et telles places de guerre qui avaient résisté à maints capitaines, mais qui, assiégées par un souverain, s'étaient rendues.

Il connaisait l'humeur du maître et savait comment lui être agréable.

L'empereur s'enflammait volontiers à l'idée d'une conquête difficile; la renommée de vertu de la princesse le charmait, mais à la condition de vaincre, et c'était le flatter agréablement que de lui en donner l'espoir, tout en lui en montrant les difficultés.

Toutefois les choses ne marchèrent point aussi vite que l'empereur l'eût voulu; la princesse italienne continuait à se montrer aux Champs-Elysées, et l'empereur ne manquait pas un jour de s'y promener; mais il n'obtenait de la jeune femme ni un regard, ni un sourire.

Rien d'irritant comme le dédain pour un homme qui est au faîte du pouvoir, et la princesse affectait une indifférence voisine du mépris.

Elle justifiait la passion violente qu'elle inspirait à Napoléon III.

Ce qui frappait en elle, c'était une merveilleuse harmonie entre la noblesse des lignes et la grâce des détails; elle était aussi splendidement belle qu'une statue de l'antiquité grecque, et aussi jolie qu'une Parisienne. Grande, svelte et d'une distinction suprême, on eût dit une de ces adorables déesses, sculptées dans le marbre de Paros, par le ciseau de Phidias; elle passait rayonnante et semblait drapée à l'antique dans son costume moderne, tant les longs plis du châle se mariaient harmonieusement aux élégantes retombées de la jupe, dessinant avec une grâce discrète les purs contours des formes chastes.

La tête était splendide.

Une forêt de cheveux noirs encadrait le visage de ses ondulations joyeuses et descendait sur le col en nattes luxuriantes.

Dans les longs cils soyeux, dont l'éclat métallique rappelait celui des cassures de jais, brillaient deux prunelles étincelantes, larmes d'or en fusion; il était impossible d'en soutenir le rayonnement; il s'en échappait des gerbes d'étincelles électriques, éblouissantes, fascinatrices, qui fouillaient la chair et vous pénétraient jusqu'aux moelles.

Quand la princesse dardait cette flamme sur quelqu'un, on se sentait comme transpercé par des jets de métal lancé en gerbes, on frémissait de tout son être et l'on éprouvait les frissons d'une fièvre indéfinissable.

Lorsque ces yeux, d'une puissance irrésistible, s'égaraient dans l'espace, et noyaient leur éclat dans l'infini des rêves, on pouvait alors les contempler; ils apparaissaient entourés de ces irradiations qui enveloppent les têtes inspirées d'une auréole lumineuse, que les peintres du moyen âge ont cherché à rendre par le nimbe d'or, dont ils entouraient les figures de la Madone.

Au prestige de la beauté, s'ajoutait l'attrait du mystère; le cœur de la princesse avait son secret; car on ne pouvait appeler fidélité à son mari, l'extrême austérité de sa vie; le prince s'était si mal comporté en toutes circonstances, elle le méprisait tant que, séparée de lui, elle ne pouvait être retenue sur la pente d'une passion par des considérations conjugales.

Comment dès lors expliquer cette étonnante sagesse d'une femme jeune, belle, ardente et très-fêtée!

Par la vertu?

Mais pour l'empereur, pour son entourage, la vertu n'était qu'un mot.

Lorsque Napoléon III, étudiant la vie de la princesse, scrutant ses actes avec l'aide de sa police, parlait de cette vie pure et simple, l'aide de camp qui lui servait d'entremetteur souriait et disait toujours avec conviction:

— Il y a un dessous de cartes. La princesse se réserve pour une grande occasion.

Et il donnait à entendre qu'elle ne voulait sans doute céder qu'à un roi ou à un prince héritier.

Très-adroit, l'aide de camp caressait ainsi les manies du maître, lui montrant la princesse comme une rare et précieuse conquête, comme un triomphe qui ferait honneur même à un souverain.

Pour lui, il ne doutait point de la défaite définitive de la princesse.

Il revenait chaque jour avec un rapport qui entretenait l'espoir de l'empereur, dont il calmait les impatiences.

En réalité, il inventait tout ce qu'il disait et n'était pas reçu par la princesse; mais peu lui importait. Croyant connaître toutes les femmes, parce qu'il en avait séduit beaucoup de celles qui ne souhaitent rien tant que la chute, confondant les meilleures et les pires, il s'imaginait que le jour où il se présenterait avec de très-brillantes offres, la princesse, dont la pauvreté relative était bien connue, accepterait avec empressement; et, selon la coutume de ses pareils qu'il pratiquait fort dextrement, il comptait bien se faire adjuger, par la bénéficiaire, une prime de courtage considérable.

Lorsqu'il eut amené au paroxysme le désir du maître, l'aide de camp lui dit que le moment était enfin venu de frapper un grand coup et il lui conseilla de faire faire des propositions éblouissantes.

L'empereur se montra plus généreux encore et plus enthousiaste que ne le demandait le Maître Jacques de ses amours.

Celui-ci partit emportant des promesses signées et réalisables sur-le-champ.

Il se présenta.

La princesse fit répondre qu'elle n'était pas visible.

— Allez lui dire que c'est au nom de l'empereur ! fit observer l'aide de camp.

Comme il s'y attendait, il fut admis sur-le-champ.

La princesse le reçut dans un pauvre petit salon de son appartement situé au quatrième étage d'une maison du quartier de la Madeleine.

Devant elle, pour la première fois de sa vie, l'aide de camp, qui avait négocié tant de chutes, se trouva intimidé.

La princesse, silencieuse, attendait qu'il parlât; il ne savait que dire.

Enfin il se décida à faire son métier, difficile en cette circonstance. Il dit à la princesse que l'empereur, pendant son séjour en Italie, avait beaucoup connu la famille de celle-ci, qu'il en avait été bien accueilli, qu'il savait dans quel dénûment se trouvait une des femmes les plus remarquables qui fût au monde et qu'il désirait faire cesser cette gêne.

— Monsieur, répondit la princesse vivement, il n'y a qu'un moyen honorable de me faire reconquérir la fortune perdue. Mes biens sont séquestrés, parce que je suis patriote; je ne ferai jamais ma soumission à l'Autriche qui opprime mon pays; que l'empereur, selon ses promesses, délivre l'Italie, et mes biens confisqués me seront rendus par le gouvernement national qui s'établira. La France et son chef seront bénis par cent mille proscrits et acclamés par trente millions d'Italiens.

L'aide de camp, visiblement décontenancé, répliqua que les circonstances n'étaient pas favorables; que, cependant, l'empereur comptait un jour améliorer le sort des bannis, et qu'en attendant, il serait ravi de faire quelque chose pour la princesse.

— Pour moi, rien ! protesta celle-ci. Pour l'Italie, tout.

Et elle ajouta :

— Je suis, du reste, moins pauvre qu'on se l'imagine. J'ai vendu mes bijoux et j'ai sauvé quelques ressources du séquestre. Je puis disposer de dix mille livres de rentes ; je n'en dépense que cinq et je donne le reste à l'œuvre de la délivrance.

La conversation devenait de plus en plus pénible pour l'aide de camp ; mais il sut précisément trouver une transition, qu'il jugea très-habile pour insinuer ses propositions.

Il fit observer à la princesse que, dévouée à la cause italienne, elle pouvait faire beaucoup pour sa patrie, puisque l'empereur était bienveillant et s'intéressait à sa personne.

La princesse ne protestant pas et paraissant réfléchir, l'aide de camp continua avec une audace croissante.

Il fit miroiter les offres qu'il était chargé de présenter, et, en même temps, il insistait sur l'influence qu'une femme d'une beauté incomparable et d'un esprit élevé saurait prendre sur un souverain ; il parla d'Agnès Sorel, de Diane de Poitiers ; il usa de toute son éloquence, et finit en étalant, à titre de spécimen, sur le guéridon du salon, une parure qui valait une somme énorme.

La princesse ne répondit pas et sonna.

Un vieux domestique italien, patriote fanatique et tout dévoué à la famille patricienne de la princesse, se présenta.

Le général avait compris déjà et il avait remis l'écrin dans sa poche.

La princesse se leva et dit à son domestique, en lui montrant l'aide de camp :

— Reconduisez monsieur.

Elle sortit du salon sans même daigner paraître offensée.

L'aide de camp, confus, se retira furieux, et, dans sa rage, il laissa échapper, sur le palier, une expression blessante pour la princesse.

Le domestique de celle-ci ne put maîtriser sa colère...

L'aide de camp remonta dans sa voiture et eut l'ingénieuse idée de se faire conduire sur-le-champ devant l'empereur ; il exagéra la brutalité de la leçon donnée par le domestique, se plaignit des dangers qu'il avait courus, déclara que la princesse était une folle, une patriote hallucinée et qu'il n'y avait rien à obtenir d'elle ; il affecta une mauvaise humeur extrême, et, finalement, son échec lui rapporta autant qu'un succès.

Consolé par ces générosités du maître, il redevint très-dévoué et consentit à reprendre l'affaire et à la mener autrement, sans paraître personnellement devant la princesse.

Il avait, disait-il, le moyen de réussir, maintenant, et « *il tenait le joint* ». Par cette expression empruntée au vocabulaire des voleurs qui forcent les portes, il entendait dire qu'il savait par où prendre la princesse.

Avec de l'or, rien à attendre d'elle ; avec des promesses de délivrance pour l'Italie, on pouvait tout espérer.

Il se mit en campagne ou plutôt il mit d'autres personnages en action.

Un homme, qui joua un rôle important plus tard et qui fut chargé de créer une sorte de littérature impériale, fut choisi pour amener la princesse à composition. C'était, à l'époque dont nous parlons, un littérateur d'un certain talent, Z..., dont nous avons déjà parlé.

Mais, comme dans sa manière, tout était factice, affecté, sans vigueur et sans souffle, il ne pouvait espérer jaillir de la demi-obscurité où il était plongé, si les faveurs d'une cour ne le mettaient pas en relief.

Après force services, on le récompensa aux Tuileries en l'imposant partout ; il nous serait difficile de dire quelles croix n'ornèrent pas sa boutonnière, quelles palmes ne s'étalèrent point sur son habit.

L'homme, du reste, était éminemment propre à la mission qu'on lui confia. Félin de nature, souple, sachant envelopper une impertinence dans des chatteries féminines et voiler l'immoralité sous des fleurs de rhéthorique, n'avançant qu'à coup sûr après avoir savamment masqué sa marche, il avait déjà cette heureuse chance d'être reçu chez la princesse.

Il ne s'était pas encore, en ce moment, compromis complètement au service de l'empire ; il était de ceux qui savent opérer lentement une conversion, apostasier avec convenance et passer d'un parti à un autre, en conservant des amitiés dans les deux camps.

Un peu suspect aux libéraux, il avait donné

des gages discrets de sympathie aux bonapartistes.

Il alla voir la princesse après l'affaire du général.

Il commença par faire montre de beaucoup d'indignation, quand la princesse raconta l'aventure de l'aide de camp ; il blâma toutefois les violences du domestique.

— C'était, disait-il, un éclat fâcheux et toujours inutile.

Il prédit que l'aide de camp se vengerait.

En effet, quarante-huit heures après, le vieux serviteur de la princesse était arrêté : on l'accusait de participation à des complots imaginaires, et on le tenait au secret.

En vain les amis de la princesse, fort mal en cour du reste, essayèrent-ils d'intervenir ; la police resta inflexible.

A cette époque, la justice elle-même recevait des mots d'ordre toujours obéis, et le juge d'instruction chargé de l'affaire maintint le secret.

La princesse se désolait.

Elle savait que son vieil et dévoué majordome n'était détenu qu'à cause d'elle ; elle en souffrait cruellement.

C'est alors que Z... (nous ne donnerons même pas son initiale), s'entremit avec un zèle extrême ; il fit ou prétendit faire beaucoup de démarches ; il obtint d'abord que le secret fût levé ; on mit ensuite l'accusé à la pistole, puis on décida qu'il serait simplement reconduit à la frontière ; enfin Z... obtint l'annulation des poursuites et sa sortie de prison.

Tout cela n'était que comédie pour gagner la princesse. Z... avait imaginé ce scénario, qui était tout à fait dans ses cordes littéraires.

Le service rendu, il le fit valoir ; mais il déploya une rouerie, dont l'empereur et son aide de camp s'amusaient beaucoup, paraît-il, quand il leur racontait ses démarches et ses ruses.

Toutefois, l'empereur s'impatientait d'autant plus, qu'il voyait plus rarement la princesse.

Celle-ci ne paraissait plus aux Champs-Elysées depuis l'affaire de l'aide de camp.

Mais Z... savait de temps à autre découvrir le but des promenades de la jeune femme et il le dénonçait à Napoléon III.

On raconte que l'on s'étonna fort, à la place de Paris, de l'ordre qui fut donné de maintenir trois estafettes à cheval en permanence pour service spécial, dans l'annexe d'un certain ministère, peu éloigné du domicile de la princesse.

Au ministère même, on se perdait en conjectures sur le service que pouvaient avoir à remplir ces trois cavaliers.

D'autre part, deux agents en bourgeois étaient toujours en attente dans un certain café, non loin du ministère ; Z... venait voir les journaux dans ce café et il avait presque toujours besoin de celui que lisait ou qu'était censé lire l'un de ces agents ; il le lui demandait poliment et personne ne remarquait qu'il en laissait un autre sur la table.

Celui-là contenait un pli.

Ce pli était à l'adresse du concierge des Tuileries et portait une marque spéciale ; l'agent remettait ce pli à une estafette, et le cavalier le portait à fond de train au concierge qui le remettait lui-même à l'homme de confiance de l'empereur.

Dix minutes après, une calèche emportait Sa Majesté vers la promenade indiquée par Z...

Ce manége dura plus d'un mois.

Mais, à vrai dire, Z... gagnait la confiance de la princesse.

Celle-ci avait fini par supporter peu à peu qu'il lui parlât de l'empereur.

Z... avait repris, mais avec des ménagements extrêmes, la manœuvre de l'aide de camp ; il affectait un désir passionné de sauver l'Italie et prétendait que le sort de celle-ci était entre les mains de la princesse.

Il écrivit, dit-on, pour divers journaux, plusieurs nouvelles, où il imaginait des situations dans lesquelles une femme sacrifiait son honneur à sa famille ou à sa patrie ; et l'héroïne était réputée grande et sublime.

La princesse lisait, discutait, résistait, mais moins énergiquement chaque jour.

Enfin, elle eut l'imprudence de s'écrier un soir :

— Ah ! si j'étais sûre de lui ! Mais il a trahi tant de serments !

Z... courut annoncer à l'empereur que, s'il parvenait à convaincre la princesse de sa ferme volonté d'épouser la cause italienne, il avait toute chance de réussir.

Passé maître en l'art de promettre, l'empereur résolut de plaider sa cause lui-même ; il écrivit, non pas à la princesse, mais à Z..., qui lisait les lettres et les rendait à l'auteur.

Deux de ces lettres cependant furent gardées par la princesse et elles sont aujourd'hui entre les mains d'un homme d'Etat italien ; l'amour et la politique s'y mêlent ; mais il est facile d'y reconnaître l'inspiration de Z..., quand il s'agit du marivaudage.

Tout d'abord la princesse ne répondit pas ; puis elle consentit à ce que Z... fît en son nom des observations et des objections ; enfin, elle écrivit elle-même ; mais elle déclarait que jamais elle ne consentirait à aimer un autre homme que le libérateur de l'Italie.

Elle se montrait intraitable sur ce point.

On n'imagine pas ce que l'empereur lui offrit d'honneurs, de richesses, pour vaincre son obstination.

Elle résista.

Mais Z... travaillait à obtenir que la princesse permît à Napoléon III de plaider sa cause en personne.

Après bien des objections, il fut convenu que la princesse se rencontrerait au bois de Boulogne avec l'empereur, que celui-ci monterait dans sa voiture et s'entretiendrait avec elle.

Ainsi fut fait.

L'intrigue marchait et les amis de la princesse le surent.

Beaucoup s'en indignèrent, la quittèrent et l'accusèrent hautement.

Les Italiens surtout furent profondément froissés de ce qu'ils appelaient, dans un journal de Londres : *la chute d'un ange !*

Cependant la princesse n'avait pas cédé, quoiqu'elle vît souvent l'empereur au bois ; mais celui-ci se vantait chaque jour d'obtenir un succès plus prononcé.

Il avait fait préparer sa villa d'Auteuil, un de ces nids charmants que les grands seigneurs d'autrefois appelaient des *petites maisons*.

Il manœuvrait pour que la princesse consentît à le voir là et non en voiture ; il lui représentait vivement le ridicule et l'incommodité des rendez-vous en calèche.

Comme il jouait son jeu de son côté et semblait chaque jour disposé à se lancer dans une guerre avec l'Autriche pour plaire à la princesse ; comme il prétendait préparer sa rupture avec l'ennemie séculaire de l'Italie ; comme il poussait la rouerie jusqu'à faire insérer dans certains journaux étrangers de prétendues révélations en ce sens, il ne s'étonnait pas de voir la princesse céder peu à peu.

Enfin celle-ci, lui ayant fait jurer de la respecter, consentit à visiter la *petite maison* et finit par s'y installer.

L'empereur fut persuadé que la résistance de la princesse touchait à sa fin.

Il redoubla de machiavélisme.

Il fit publier dans un journal conservateur français, mais non clérical, une note menaçante pour Rome et pour Vienne, où il était dit assez nettement que la tyrannie qui pesait sur l'Italie devenait intolérable.

Pareille note, dans une feuille officieuse, produisit un certain effet en Europe.

Il y eut dans la presse un échange très-vif de polémiques ; le nonce du pape et l'ambassadeur d'Autriche demandèrent des explications.

L'empereur leur fit donner toutes les assurances désirables par son ministre des affaires étrangères et il fut convenu que sous peu de jours, le *Moniteur* (journal officiel d'alors), publierait un désaveu de la note.

L'empereur, entre temps, espérait avoir triomphé des rigueurs de la princesse.

Il envoya Z..., l'écrivain qui avait noué cette intrigue, porter la note du journal, les attaques de la presse réactionnaire, les répliques. Z... déclara que le feu était aux poudres, que l'empereur dessinait une politique offensive contre l'Autriche ; que ne pas l'encourager serait maladroit ; que, depuis plusieurs jours, la princesse occupait la *petite maison* où les rendez-vous étaient moins compromettants que des rencontres en voiture, au bois ; que cependant l'empereur n'avait pu obtenir de voir la princesse depuis son installation.

Il plaida si bien, qu'il réussit mieux qu'il ne l'espérait.

La princesse parut si ravie de la tournure que prenaient les choses qu'elle dit à Z...:

— Vous avez raison ! Je vois que l'empereur est de bonne foi, et je veux lui prouver que je lui suis reconnaissante. Ce soir, je l'attends *avec vous*, non *sans vous*, à dîner, dans la villa. Dites-lui bien qu'il n'espère rien de plus qu'une bonne soirée entre vous et moi.

Z..., enchanté, dissimula un sourire et fit une objection.

— Si j'ai l'indiscrétion d'insister, dit-il, pour être en tiers dans ce tête-à-tête, Sa Majesté m'en saura mauvais gré, vous devriez lui en écrire un mot.

— Soit, répondit la princesse.

Et c'est alors qu'elle envoya à l'empereur cette invitation retrouvée plus tard dans les papiers des Tuileries, et qui intrigua les chefs du parti républicain à Paris, jusqu'au moment où tout leur fut expliqué par un proscrit italien, chef d'une compagnie franche, et au courant de tout ce qui s'était passé.

Nous ne pouvons donner l'original de la lettre qui fut renvoyée à la princesse ; mais elle contenait des recommandations qu'il importe de faire connaître.

La princesse insistait notamment beaucoup pour que l'empereur prît, pour sa sûreté à lui, de sérieuses précautions en allant au rendez-vous : elle lui recommandait de venir incognito pour ne pas le compromettre, et d'imaginer quelque travestissement intelligent.

Z... emporta cette lettre avec la joie d'un homme qui se voit l'indispensable intermédiaire entre le souverain et la favorite.

Il arriva aux Tuileries rayonnant et reçut de l'empereur un accueil qui lui ouvrait toutes grandes les portes de la faveur.

Depuis, du reste, il fit bien son chemin, malgré ce qui advint.

L'empereur fut surtout très-agréablement flatté de l'intérêt que lui portait la princesse ; il appela le chef de son service de sûreté personnel et lui donna des ordres spéciaux en vue de la soirée ; ensuite il discuta la question du travestissement.

Il aurait dû avoir quelque répugnance à se déguiser pour se rendre à un rendez-vous après l'affaire de Florence.

Malgré ce fâcheux précédent, Napoléon III ne recula pas devant l'idée d'un déguisement ; tout au contraire, elle lui plut beaucoup ; il était notoire, du reste, qu'il avait du goût pour le travestissement. Outre son aventure de Florence, il en avait eu d'autres du même genre à Londres.

Il avait du reste, ses raisons pour visiter la villa incognito.

L'impératrice savait que son mari poursuivait la princesse, et elle s'en alarmait, non pas tant par tendresse — on sait ce qu'elle pensait de l'empereur — que par crainte de l'ascendant qu'une femme de cette valeur prendrait sur un homme comme Napoléon III, très-accessible à l'influence féminine.

Cléricale et réactionnaire, conseillée par son entourage et par un prélat mondain, l'impératrice surveillait de près l'intrigue commencée entre son mari et la princesse ; elle avait déjà accablé l'empereur de scènes, de bouderies et de tracasseries désagréables.

Autant que possible, il voulait éviter de nouveaux reproches ; il lui souriait donc de se cacher.

D'autre part, il ne se dissimulait pas que la villa était moins sûre pour lui que les Tuileries ; il semait, il est vrai, la route qui y conduisait d'une chaîne protectrice d'agents et les gendarmes d'élite y faisaient patrouille à cheval ; la maison elle-même était gardée à l'intérieur, par deux laquais, un concierge et un jardinier, tous attachés à la police, tous Corses.

A l'extérieur, une forte escouade était en embuscade prête à accourir sur un signal.

Enfin, le cocher qui menait l'empereur dans ces sortes d'expéditions, attelait à une voiture sans armoiries, mais munie d'armes, deux chevaux d'une vitesse et d'un fond extraordinaires.

Malgré tant de précautions, Napoléon III n'était pas absolument rassuré et il s'avouait qu'un bon déguisement était un moyen de sécurité.

Avec Z..., il chercha celui qu'il prendrait.

Z... suggéra d'abord une idée.

— Pour dérouter la surveillance des agents que l'impératrice emploie, proposa-t-il, le meilleur serait de faire prendre à votre cocher la livrée de la princesse. Rien d'étonnant, n'est-ce pas, sire, à ce que la princesse ait sa voiture et à ce que cette voiture aille et vienne.

— C'est très-ingénieux, répondit l'empereur, Mais, moi, comment m'habiller ?

Ils cherchèrent ; et, après avoir passé en revue plusieurs travestissements, ils convinrent que tous offraient des inconvénients ; l'empereur qui se savait peu avantagé par l'habit civil, revenait toujours à la pensée d'endosser un uniforme quelconque.

Mais le but alors était manqué, car un uniforme, quel qu'il fût, attirait l'attention.

Enfin, l'empereur eut un éclair de génie, digne de Figaro.

— Moi aussi, s'écria-t-il en riant, j'endosserai la livrée de la princesse ; je serai son chasseur et je monterai derrière la calèche. Personne n'ira chercher là l'empereur.

Z... savait son métier de courtisan ; il se garda bien de contrarier son souverain et trouva que rien n'était mieux imaginé.

— On peut avoir une livrée de chasseur très-élégante, disait l'empereur ravi. La mode est de chamarrer ses laquais ; on les prendrait pour des colonels de cavalerie légère.

— Et puis, sire, quelle charmante flatterie pour la princesse ! Vous lui direz en arrivant que vous avez tenu à prendre ses couleurs et sa livrée pour lui prouver que vous êtes son serviteur.

— Elle en sera touchée. Si je lui adressais un madrigal bien tourné sur ce sujet ?

— Sire, songez-y, et si, ce soir, il vous manquait une rime, en nous rendant à la villa, nous la trouverions ensemble.

— Mais je monte derrière la calèche.

— Pas dans Paris, sire ; passé la barrière, il en sera temps ; nous aurons pu vérifier les rimes de votre madrigal et vous le réciterez pendant le reste du trajet, pour trouver les meilleures intonations.

— Très-bien. Voyez à ce que mon cocher ait sa livrée et moi la mienne : je vous attends ce soir...

Et Z..., Mercure galant, s'en alla, des ailes de poisson aux pieds, nageant dans une verte mer d'espérance, commander les livrées et veiller aux détails.

Ces gens-là ont un nom dans l'âpre langue du peuple ; palmes et décorations n'y font rien.

Entre le temps qui s'écoula de midi à sept heures du soir, la police spéciale de l'empereur fit ses préparatifs.

Le rendez-vous était fixé à six heures du soir.

Z... fut exact.

Il trouva l'empereur habillé, couvert d'un manteau d'officier et prêt à partir.

En ce moment, Sa Majesté échangeait ses dernières recommandations avec Criscelli, son agent favori, celui en qui il avait toute confiance.

— Sire, disait l'agent, vous pouvez aller en toute sécurité à ce rendez-vous. La brigade est à son poste ; je conduirai, moi-même, votre voiture, et je réponds de tout.

Sur cette assurance, on partit.

Des Tuileries à la barrière, l'empereur apprit le quatrain qu'il était censé improviser ; à la barrière, il descendit de l'intérieur de la calèche, laissa tomber son manteau et grimpa derrière la voiture.

Une escouade d'agents, les uns déguisés en cantonniers, les autres en employés de l'octroi, veillaient sur Sa Majesté, pendant que cette transformation s'opérait.

Un agent, à la livrée de la princesse de X..., vint même se placer, comme valet de pied, à côté de Napoléon III.

Criscelli sut, par un coup de sifflet d'avertissement de son lieutenant Zampo, que la route était sûre ; il lança l'attelage, qui vola vers Auteuil.

En ce moment, deux hommes dissimulés dans l'ombre et vêtus en ouvriers, rentraient dans Paris, et, une fois loin des mouchards, l'un dit à l'autre :

— Malheur à la princesse, si le coup est manqué. Criscelli la poignardera.

— J'espère, Orsini, dit le second, que cette fois nous *le* tenons et que Mazzini sera content.

Ils se perdirent dans les Champs-Elysées.

Cependant la voiture qui emportait l'empereur filait sur Auteuil avec une rapidité inouïe.

Les chevaux étaient des trotteurs hors ligne, capables de fournir six lieues à l'heure. Criscelli conduisait en maître et faisait dévorer l'espace à son attelage.

De distance en distance, se montrait un homme portant le costume ouvrier, tantôt muni d'un balai et paraissant appartenir à une brigade de balayeurs des rues de la banlieue, tantôt coiffé d'une casquette de cantonnier ou vêtu de la blouse des gaziers et armé du bâton porte-lanterne ; cet homme, en vue sous un bec de gaz, imitait le geste des gardes-barrière des chemins de fer.

Criscelli comprenait que le chemin était libre, que tout allait au mieux, que rien de suspect n'était signalé.

Il caressait du fouet l'oreille de ses trotteurs auxquels cette légère excitation donnait une impulsion nouvelle.

L'empereur connaissait toutes les dispositions prises par Criscelli ; il les avait étudiées et discutées avec lui ; il voyait sa brigade de sûreté personnelle fonctionner avec une régularité et une précision merveilleuses ; il admirait sa police, et il en oubliait de réciter son quatrain.

Il se disait que les mazziniens seraient bien habiles s'ils parvenaient à le frapper dans les conditions de sécurité qu'il avait su établir autour de lui.

Il avait d'autres défenseurs que ses mouchards.

Pensant que ce serait dans ses courses à la *petite maison* d'Auteuil, qu'on chercherait à le tuer, parce qu'il ne pouvait, dans ces *fugues*, s'environner d'une escorte officielle, puisqu'il se rendait incognito à la villa, il avait fait donner, comme caserne, aux gendarmes d'élite, un de ces bâtiments qui s'élèvent dans les bastions de l'enceinte, et l'escadron de ces cavaliers se trouvait loger précisément à mi-chemin de l'Arc de Triomphe et de la *petite maison*.

Un fil télégraphique réunissait cette dernière au poste-caserne ; un autre allait de ce poste aux Tuileries.

Quand l'empereur partait du palais, l'officier de service était averti par dépêche et couvrait le chemin de patrouilles ; les gendarmes exploraient rapidement les rues et les routes ; puis ils envoyaient un brigadier par peloton, faire son rapport.

En arrivant à l'Arc de Triomphe (l'empereur avait coutume de suivre cet itinéraire), Criscelli savait toujours, à l'attitude de ses mouchards, si ceux-ci et les gendarmes n'avaient rien rencontré qui parût menacer la vie de Sa Majesté.

Enfin de la villa même, si quelque chose de grave s'y passait, on pouvait lancer un appel de secours au poste-caserne.

Dans la chambre à coucher, sous la main de l'empereur, se trouvait un timbre qui vibrait comme un gong chinois, à la moindre pression sur le bouton, et, en même temps, cette sonnerie électrique se répétait dans le poste-caserne des gendarmes.

Là, un fort peloton de piquet, prêt à monter à cheval, se tenait en permanence.

Enfin, dans la villa même, l'empereur disposait d'un personnel dont il était sûr.

Il avait là des Corses qui étaient l'un concierge, l'autre jardinier, celui-ci frotteur et homme de peine, celui-là valet de pied ; les femmes de ces agents étaient naturellement incorruptibles et dévouées

On pouvait compter absolument sur la fidélité inébranlable de toute la domesticité et sur son courage.

La princesse n'avait amené à la villa que sa femme de chambre.

Du côté de ces deux femmes que craindre ?

Rien.

Les attaques ne pouvaient venir que du dehors.

Les approches de la villa étaient admirablement défendues.

Aussi l'empereur et Z... étaient-ils bien certains de dîner gaiement et joyeusement sans être dérangés par des conspirateurs.

La voiture de l'empereur, annoncée à la villa, était attendue ; à son approche, la grille s'ouvrit, l'attelage s'engagea dans les allées du jardin, auquel les serres de la ville fournissaient, aux frais du contribuable, ses plus belles fleurs et ses plus rares arbustes. Le concierge, après avoir fait signe à Criscelli que tout allait au mieux, referma la porte, et l'empereur sautant à terre, devant l'escalier d'entrée, monta les degrés.

Derrière lui, Z... grimpait agilement les quatre marches, et il riait en fausset de ce que le jardinier et ses aides, à leur poste, refusaient l'entrée à Sa Majesté.

Sous la livrée, Napoléon III faisait si bien, il jouait si naturellement son rôle, que les gens de service le prenaient pour un laquais et lui demandaient de la part de qui il venait.

— Laissez passer ! cria Criscelli.

L'empereur entra, toujours talonné par Z..., et, tous deux, s'amusant fort de l'erreur du jardinier, pénétrèrent dans le salon, malgré les effarements de la femme de chambre italienne de la princesse, qui voulait faire attendre le chasseur dans l'antichambre.

Mais elle reconnut l'empereur, affecta de trouver la chose extraordinairement plaisante et courut prévenir sa maîtresse.

— Vraiment, dit la princesse de X... en haussant les épaules, cet homme n'est qu'un pantin grotesque.

Puis souriant :

— Es-tu bien sûre de réussir pour Criscelli ?

— Oh ! celui-là, dit la soubrette, je jure à Votre Altesse qu'il est fou de moi.

— Prends garde ! C'est une bête fauve, et il est capable de toutes les dissimulations ! S'il faisait semblant de t'aimer !

— Je ferai observer à Votre Altesse que Criscelli est Corse, qu'il est passionné, qu'il s'est reproché de n'avoir pas songé à séduire la femme de chambre de la duchesse, cette malheureuse qui est morte, ici même, d'une façon si tragique. Criscelli m'a d'abord courtisée par politique, pour me gagner à sa cause et vous faire espionner par moi. Mais il s'est enflammé à jouer avec le feu. Il m'aime, madame ; il n'y a pas à s'y tromper, car *il rugit ses déclarations*. (Nous citons textuellement d'après la princesse de X...)

— Tu as dû déployer bien du talent pour en arriver à dompter ce tigre ?

— Je n'ai eu qu'à prendre exemple sur Son Altesse, qui a fait perdre la tête à l'empereur.

— Oh ! celui-là, dit la princesse avec mépris, c'est un sot !

Avec un regard expressif et un geste significatif, elle recommanda à la jeune fille :

— Eux d'abord !

« Criscelli ensuite.

— Le Corse deviendra très-pressant dès le début, fit observer la femme de chambre.

— Tu n'as pas cédé, je suppose ?

— Non, certes !

— Eh bien, Leona, résiste, promets. Dans trois heures, moi, j'en aurai fini avec mes convives. Trois heures, tu m'entends !

Et la princesse, ayant mis la dernière main à sa toilette, entra au salon.

Jamais l'empereur et Z... n'avaient vu la princesse aussi rayonnante que ce soir-là !

Elle était radieuse.

Jusqu'alors, sévère dans sa mise, réservée, hautaine, elle avait paru à Napoléon III majestueuse comme la plus fière déesse ; mais une magique transformation s'était faite ; la resplendissante beauté de la princesse empruntait un charme piquant à la joie qui animait l'expression de ses traits et à la coquetterie de sa toilette.

Son sourire, d'une affabilité charmante, semblait inviter à l'espérance ; son regard se teintait de cette adorable expression de malice, agacerie provoquante, qui donne du montant à la grâce ; l'intention de plaire, flatterie enchanteresse chez une telle femme, s'accusait dans l'abandon de certaines poses, dans le voulu de certains gestes savamment étudiés, qui mettaient en relief les perfections de la main, l'incomparable petitesse du pied, les voluptueux contours de la taille et des hanches, et la divine harmonie des proportions.

L'empereur, ébloui, en oublia son madrigal.

Z..., plus maître de lui, trouva un compliment flatteur et demanda la permission à la princesse de lui présenter son plus fidèle serviteur.

Napoléon III, revenant à son rôle, débita son quatrain, avec l'accent anglais que l'on connaît et qui était encore très-accusé.

C'était pitié de voir ce personnage disgracieux réciter, sur un ton pâteux et emphatique, des vers légers et spirituels, à cette aristocratique princesse, en verve de beauté et d'élégance.

Avec son énorme buste dont les difformités se dissimulaient sous un plastron, avec ses jambes torses et courtes, avec son nez de corbeau, taillé pour flairer de loin les odeurs malsaines, ce coureur d'aventures scabreuses se croyait encore séduisant.

Que voulez-vous !

Il se targuait de succès faciles, payés de faveurs scandaleuses pour les maris, et obtenus en jetant à pleines mains, dans le giron des drôlesses, les brevets d'avancement pour leurs protégés et l'or de la France pour leurs caprices de courtisanes.

Il oubliait et sa vieillesse prématurée et cette impuissance bien connue, qui arracha même aux plus fidèles des cris d'étonnement, quand on annonça que l'impératrice était dans une position intéressante.

Il ne se rappelait pas que, dans Paris stupéfait, courut une épigramme, trop vive d'expressions pour être citée ici.

Elle était intitulée : *L'enfant prodige !*

Or, ce soir même, l'empereur comptait sur une victoire.

L'œil éteint sous la paupière pendante et molle, la lèvre hypocrite voilée sous une moustache de bravo, le menton caché par une barbiche taillée sur un mode commun, l'empereur, en veine de prétentions amoureuses, s'aveuglait au point de s'estimer irrésistible auprès des belles.

L'orgie du pouvoir enfante ces monstrueuses vanités, qu'expliquent les basses flatteries des courtisans.

Emporté par un beau zèle, dans l'enchantement d'un triomphe prochain, et reconnaissant du charmant accueil de la princesse, qui lui donnait sa main à baiser, l'empereur plia le genou.

Mais des révélations publiques nous ont appris le secret de ses défaillances musculaires ; à courir les ruelles suspectes, on gagne des infirmités qui laissent trace.

Sa Majesté tomba lourdement sur son genou, et quand la princesse le pria de se relever, ce fut impossible.

Z... avait cru habile et discret de regarder un tableau du Louvre, égaré dans cette *petite maison* que l'on ornait avec les richesses artistiques de nos musées.

Cet excellent Z... tournait le dos et s'absorbait dans sa contemplation.

La princesse s'aperçut de la ridicule position où se trouvait son impérial soupirant ; elle essaya de lui venir en aide.

Impossible.

On eût dit que quelque lourd métal, descendu dans les articulations, leur donnait une pesanteur anormale ; la médecine constate de ces phénomènes étranges.

Et, bon gré, mal gré, il fallut appeler l'attention de Z... et réclamer son assistance.

Cet excellent Z... aurait voulu faire un effort sans qu'il y parût ; mais l'empereur était rivé au parquet, et on dut le soulever par les épaules !

Triste, oh ! triste début d'une fête d'amour dont il se promettait merveille !

L'empereur, enfin sur pied, s'embarrassa dans une explication pénible, rejetant son manque de force sur une douleur provenant d'une chute de cheval.

Z..., d'esprit plus alerte, improvisa sur cette prétendue chute un récit enjolivé de détails dramatiques : la monture de Sa Majesté s'était emportée ; l'empereur avait couru les plus grands périls ; mais, excellent écuyer, il était parvenu à éviter tous les obstacles, jusqu'au moment où le cheval s'était abattu contre une haie trop haute pour être franchie, trop longue pour être tournée. Tout s'était borné, pour Sa Majesté, grâce à son habileté... à une contusion au genou. Le *Moniteur* n'avait point parlé de cet accident, dans la crainte d'alarmer les populations.

Sur ce mensonge, galamment débité, on annonça que la princesse était servie ; l'empereur lui offrit son bras, et l'on passa dans la salle à manger.

Le dîner, commandé par Z..., avait été envoyé par l'une des meilleures maisons de Paris ; il avait été préparé sous la surveillance d'un homme en qui Criscelli avait toute confiance.

Certains plats avaient été confiés au cordon-bleu de la *petite maison*, qui, femme d'un Corse, était d'une fidélité à toute épreuve.

Les vins sortaient des caves de Saint-Cloud, et les liqueurs aussi.

Aucune crainte d'empoisonnement.

L'empereur pouvait dîner sans l'ombre d'une préoccupation ; c'était une femme dont Criscelli répondait, qui servait à table.

On s'assit et la princesse chercha à faire oublier à l'empereur son échec précédent ; elle fut aimable, spirituelle et se prêta au jeu de Z... qui s'étudiait à fournir à son souverain des prétextes à des jeux de mots et à des réparties piquantes.

Dans le feu de la conversation, ni Z..., ni l'empereur, ne prêtèrent attention à un petit incident qui se produisit au dessert et qui, remarqué, n'aurait paru, du reste, d'aucune importance ; la soubrette de la princesse vint à deux reprises parler à l'oreille de celle-ci, toujours en l'absence de la femme de service ; rien de plus simple que cette jeune fille eût à demander des ordres à sa maîtresse ; mais ce que Criscelli eût constaté, s'il eût été là, c'est que la soubrette s'arrêta plusieurs fois devant le buffet, sur lequel le dessert était dressé.

L'agent eût peut-être trouvé certains gestes suspects.

D'autre part, à l'office, la même femme de chambre, toute dévouée à la princesse, vint trouver la cuisinière et la pria de préparer à dîner pour deux personnes.

— M, Criscelli, dit-elle en rougissant, prendra son repas dans le petit salon, sur un guéridon, pour être à portée de la voix de Sa Majesté ; en outre, madame qui tient à m'avoir sous la main, m'a ordonné de dîner là aussi.

— Je comprends, répondit la cuisinière avec un sourire railleur.

— C'est le service qui le veut, riposta la soubrette.

Mais elle eut l'air fort embarrassée de l'observation du cordon-bleu.

Toutefois, elle ne cessa de tourner çà et là dans l'office.

On y apprêtait le repas des domestiques et des agents.

Criscelli savait que la question du ventre a son importance et qu'un mouchard qui a faim, perd beaucoup de ses facultés ; il a l'œil moins vif, l'oreille moins fine, le jarret moins élastique et la main moins preste.

En conséquence, quart par quart, la brigade entrait à la *petite maison* et s'y restaurait avec les reliefs de la table impériale.

Et la soubrette trouvait, à chaque instant, le moyen d'entrer, de sortir, d'aller, de venir et de passer près des plats destinés soit aux serviteurs, soit aux agents.

De temps à autre, elle montait au petit salon où Criscelli l'attendait avec impatience ; l'agent lui demandait chaque fois, pourquoi l'on ne le faisait point dîner.

La jeune fille prétextait de ce retard pour redescendre, afin, disait-elle, de presser la cuisinière.

Enfin elle reparut, suivie d'un domestique portant un plateau chargé. Criscelli en fut fort aise, car il était aussi affamé qu'amoureux ; or, un dîner en tête-à-tête est une des plus agréables occasions que puisse souhaiter un homme épris.

Et Criscelli, avait senti son cœur s'enflammer au feu des beaux yeux de la soubrette italienne qui avait joué son rôle de coquette avec une telle perfection, que le Corse avait fini par laisser sommeiller sa défiance instinctive contre toute femme.

En ce moment, on dînait donc partout.

A la table de la princesse, la tournure que prenaient les choses souriait à l'empereur qui avait médité un coup de théâtre, pour produire un grand élan de reconnaissance patriotique dans le cœur de l'admirable femme dont il voulait se faire aimer.

Z... avait préparé tout un scenario pour arriver au dénoûment tant souhaité ; la princesse, on s'en souvient, austère, réservée, avait été longtemps une énigme pour Paris qui se demandait le secret de cette âme fermée au plaisir, inaccessible aux séductions.

Et Z... croyait avoir arraché le mot de son énigme à ce sphinx féminin.

La princesse ne lui avait-elle pas avoué qu'elle aimerait le sauveur de l'Italie quel qu'il fût ; mais qu'elle n'aimerait que lui !

Comme nous l'avons raconté, avant de nous lancer dans les digressions nécessaires pour mettre en relief les caractères des personnages qui jouent un rôle dans cette aventure, l'empereur, par des articles publiés à l'étranger et en France ; l'empereur, passé maître en machiavélisme, s'était posé vis-à-vis de la princesse en libérateur très-prochain de la péninsule, depuis les Alpes jusqu'à l'Adriatique.

Déjà ce programme avait été formulé dans les prétendues indiscrétions d'une certaine presse anglaise ; il est vrai que Napoléon III n'avait en aucune façon ni alors, ni depuis, la pensée sincère d'exécuter cette promesse trop complète.

Pour l'instant, son unique but était de tromper la princesse et de triompher de ses résistances, en lui donnant des preuves fausses, mais très-habilement préparées, d'une entrée en guerre très-prochaine contre l'Autriche.

En conséquence, au bon moment, c'est-à-dire quand la femme de service se fut retirée, quand le champagne pétilla dans les coupes, Z... mit la conversation sur le terrain politique.

L'empereur parla d'un grand projet, d'une réalisation immédiate, mais sur lequel il voulait se taire, parce que sa résolution ne devait être connue, que quand tous les préparatifs seraient terminés.

Il emprunta un mot à son oncle et dit comme lui :

— Je veux frapper un coup de foudre !...

Z... sembla désirer énormément une confidence plus complète et pria la princesse de se joindre à lui pour l'obtenir.

Elle le fit.

Alors l'empereur parut se laisser arracher son secret.

— Je suis, dit-il, à la veille de déclarer la guerre à l'Autriche ! Avant huit jours j'enverrai mon ultimatum !

Et il montra d'abord à la princesse un rapport secret sur les forces disponibles, un plan d'invasion, un dispositif de la flotte, etc.

Cette pièce, dont les éléments, demandés aux ministères de la guerre et de la marine, avaient été coordonnés par un familier de l'empereur, fut vendue du reste par ce courtisan, à une chancellerie étrangère, qui en fit usage.

Le courtisan qui commit cette infamie croyait au sérieux de l'affaire ; il ignorait que le rapport qu'il rédigeait était tout simplement destiné à servir les desseins amoureux du souverain.

Il y eut grand émoi à Vienne et à Berlin à ce propos ; l'Europe fut troublée, parce que Napoléon III voulait plaire à une Italienne.

Mais ce rapport n'était qu'un des petits moyens qui devaient être employés dans cette soirée.

L'empereur avait fait venir précédemment l'un des hommes du *cabinet noir*, en qui il avait le plus de confiance ; il lui avait donné des lettres de Mazzini, de Cavour et d'Orsini lui-même, avec ordre d'imiter l'écriture de ces hommes politiques et de fabriquer de fausses lettres dont Z... écrivit les brouillons en s'efforçant d'imiter le style de chacun.

Napoléon III exhiba ces faux ; la princesse les lut avec une attention et avec une émotion qu'elle ne dissimula pas.

Les trois grands hommes d'Etat italiens étaient censés répondre à l'empereur au sujet d'une campagne imminente.

Cavour promettait le concours du Piémont, Mazzini celui de la Révolution, Orsini celui de la Hongrie.

Tout cela, nous le répétons, était dû à la plume d'un faussaire.

La princesse lisait !

L'empereur suivait d'un œil charmé, sur les traits de la jeune femme, l'impression que produisait ce stratagème, dignes de *Fourberies de Scapin;* mais il sentait peu à peu son regard se voiler, ses pensées s'alourdir et ses paupières se baisser.

En face de lui, Z... était devenu somnolent, lui, si pétillant d'habitude !

Il sembla à Napoléon III que le champagne, au lieu de le stimuler, lui donnait une pesante ivresse.

Rapidement, une insurmontable envie de dormir s'empara de lui.

Il voulut se lever...

En vain, fit-il appel à toute sa volonté pour y réussir; ses jambes refusaient tout service.

Et déjà, Z... dodelinait de la tête sans respect pour la princesse et son hôte impérial.

Napoléon III, par un effort d'énergie, tourna la tête vers la princesse, et crut saisir sur les lèvres de celle-ci un sourire railleur.

Il comprit qu'on l'avait endormi avec un soporifique violent; une angoisse inexprimable s'empara de lui, mais la terreur lui donna la force de saisir une coupe de cristal et de la lancer au mur.

Au bruit du verre brisé, la porte s'ouvrit et Criscelli parut...

Criscelli resta immobile dans l'encadrement de la porte.

D'une main, il se soutenait, en se suspendant à une tenture.

De l'autre main, il tenait un de ces longs couteaux catalans à virole, dont les blessures sont presque toujours mortelles.

Le terrible agent, pâle, le visage crispé par la fureur et le désespoir, les cheveux en désordre et l'œil menaçant, semblait cloué sur place par la stupeur.

Son regard allait de l'empereur, immobile et renversé sur sa chaise, à la princesse qui s'était précipitée vers l'autre extrémité de la salle à manger.

Elle avait ouvert une porte de communication, et, prête à s'abriter derrière le mur de la chambre voisine, elle avait armé un petit revolver.

Si Criscelli eût avancé, c'en était fait de lui; la princesse, demi-effacée, le tenait en joue.

Mais, derrière l'agent, une tête se montra et un doigt se leva, faisant un signe.

C'était la femme de chambre qui, par gestes, invitait sa maîtresse à ne pas tirer.

La princesse baissa son arme.

Criscelli, cependant, livrait à la torpeur qui s'emparait invinciblement de lui, une lutte dans laquelle il déployait la farouche énergie de sa nature indomptable.

Il rassemblait toutes ses forces et accumulait une somme de vigueur extraordinaire par la toute-puissance de volonté qui en faisait un si redoutable adversaire.

Il se croyait empoisonné et voulait mourir vengé.

Tout à coup, il bondit par-dessus la table avec l'agilité d'une bête fauve et s'abattit en rugissant aux pieds de la princesse.

Il avait franchi, sans rien renverser, un espace de cinq mètres et un obstacle couvert d'objets fragiles.

Mais ce prodigieux élan l'avait épuisé; ses muscles, un moment galvanisés par un effort inouï, se détendirent, et Criscelli resta inerte, abasourdi, impuissant et replié sur lui-même.

La princesse avait reculé d'un pas et tenait l'agent sous le canon de son revolver; mais la femme de chambre lui cria :

— Ne le tuez pas, madame! Je vous en prie, ne tirez pas!

Criscelli était hors d'état de nuire; il se débattit pendant quelques secondes, écumant et poussant des plaintes sourdes; puis, suprême tentative, il se releva tout droit, étendit les bras, en battit l'air, la tête renversée, les yeux clos; il chancela, puis il tomba tout d'un bloc, foudroyé enfin par le sommeil qui l'écrasait comme une masse de plomb.

— Enfin ! dit la princesse.

Mais, se retournant vivement vers la femme de chambre, elle lui dit :

— Prends son poignard et tue-le! Ça fera moins de bruit qu'un coup de revolver.

— Oh! madame... protesta la jeune fille.

— Tu hésites!

— Grâce pour lui...

— C'est un assassin! s'écria la princesse. Il faut venger les martyrs !

— Je ne puis frapper cet homme... dit Léona résolûment.

La princesse jeta sur elle un regard clair et pénétrant. La femme de chambre courba la tête.

— Léona, s'écria la princesse, tu aimes ce misérable !

La soubrette ne répondit pas.

C'est, chez la femme, une des mille façons de dire : Oui !

Ainsi ce Criscelli avait un tel prestige, et il exerçait une telle fascination que, vaincu par cette jeune fille, il triomphait d'elle en succombant.

La princesse saisit la main de Léona, l'attira sous le lustre qui flambait et lui dit :

— Regarde-moi! en face! bien en face!

Léona leva la tête.

— M'es-tu toujours fidèle au moins? demanda la princesse.

— Oh! madame, je viens de vous le prouver. Si j'avais voulu trahir...

— C'est bien, tais-toi! Tu ne mens pas! dit la princesse. Visite la maison, vois si tout le monde dort. Surtout, hâte-toi!

— Madame épargnera au moins Criscelli! supplia Léona.

— Soit, puisque tu as cette lâcheté de l'aimer, promit la duchesse.

— Oh! dit Léona, désormais, je vous le jure, il nous servira, car je le gagnerai à notre cause !

La princesse haussa les épaules et montra la

porte à Léona qui sortit, parcourut la villa et s'assura que la *petite maison* ressemblait fort au château de la *Belle au Bois Dormant*.

Une demi-heure après, la voiture qui avait amené l'empereur rentrait dans Paris.

L'escouade de police, disséminée autour de la villa, ronflait dans les fossés et sous les arbres !

La brigade échelonnée sur la route n'avait pas bu et mangé à la *petite maison ;* aussi veillait-elle de tous ses yeux. Les gendarmes d'élite patrouillaient de leur côté avec ferveur ; mais franchement il ne pouvait venir à personne l'idée d'arrêter cette calèche.

Devant, sur le siége, au chapeau, aux vêtements et à une pointe de moustache en crocs, tous crurent reconnaître Criscelli.

Derrière, on aurait juré que, sous la livrée qui l'avait caché à l'aller, l'empereur se dissimulait au retour.

Comme de coutume, le souverain parti, les agents se dispersèrent et les gendarmes rentrèrent dans leur caserne ; ils croyaient que leur surveillance devenait inutile.

La princesse et sa femme de chambre s'étaient revêtues, l'une des vêtements de Criscelli, l'autre de la livrée que portait l'empereur.

Personne, parmi les mouchards, ne s'était douté de rien.

Comme nous l'avons raconté, Léona s'était précautionnée d'une moustache postiche, pareille à celle dont Criscelli était si fier, et qu'il retroussait avec un geste de condottiere, quand il passait devant un de ses hommes.

C'était un signe de reconnaissance convenu entre lui et les siens.

Léona l'avait remarqué avec cette finesse italienne et féminine, qui la fit distinguer plus tard par Mazzini et lui valut cette mission à Naples, dont elle se tira avec tant de bonheur et d'adresse.

En défilant de la *petite maison* à l'Arc de Triomphe, Léona eut grand soin de laisser le fouet en place ; tenant les guides de la main gauche, elle donnait de la droite le signal ordinaire.

Quant à la princesse, impassible, dissimulée sous un manteau, le feutre à plumes sur la tête, elle cachait son visage, c'est vrai, mais les agents étaient prévenus que, sous la livrée de ce chasseur, se dissimulait un auguste personnage qui voulait garder l'incognito.

Lorsque dans les chancelleries on apprit le gros de l'aventure, l'on s'étonna d'abord que la princesse eût échappé à une surveillance aussi active que celle qui avait été organisée par Criscelli ; mais quand les mazziniens, qui n'avaient aucun intérêt à se taire, eurent divulgué tous les détails de l'affaire, on comprit qu'elle avait été combinée et menée avec une sûreté de coup d'œil et un tour de main incomparables.

La princesse franchit l'Arc de Triomphe sans encombre ; malheureusement, dans les Champs-Élysées, il arriva un accident.

Léona savait que le salut dépendait de la rapidité avec laquelle on arriverait à la garé du Nord ; il fallait prendre le dernier train de nuit, pour franchir la frontière avant que l'on eût

avisé aux Tuileries, après la découverte de ce qui s'était passé à la *petite maison*.

La jeune fille avait appris à conduire ; mais elle eut l'imprudence de fouetter les chevaux de sang, qui descendaient grand train vers la place de la Concorde.

L'attelage qu'une simple excitation irritait, au point qu'il fallait la main de fer de Criscelli pour le contenir, l'attelage, cinglé par Léona, *s'emballa* et la voiture fila comme une flèche.

Il était convenu, avec les conspirateurs carbonari qui prêtaient leur concours à la princesse, qu'ils attendraient celle-ci au Rond-Point des Champs-Élysées.

Là, on devait enfiler une allée latérale où se trouvaient deux voitures, très-simples d'apparence, qui devaient conduire les fugitives à la gare du Nord.

Dans l'intérieur de ces voitures, dont les cochers étaient carbonari, se trouvaient deux costumes complets de religieuses et des papiers parfaitement en règle, attestant que les deux sœurs se rendaient en Belgique.

Il va sans dire qu'au lieu d'être traînées par des rosses vulgaires, les voitures étaient menées par des trotteurs de grande allure. Les deux cochers étaient précisément ces deux Italiens qui avaient guetté l'empereur au passage, près de l'Arc de Triomphe, et qui étaient redescendus dans Paris, après s'être bien assurés que Napoléon III se rendait à la *petite maison*.

Depuis deux heures, ils s'ingéniaient à monter l'avenue et à la descendre au pas, de façon à ne pas stationner, ce qui aurait pu attirer l'attention.

Ils s'impatientaient, car le temps se passait et l'heure du train approchait.

Tout à coup, ils entendirent le galop rapide de l'attelage emporté et ils virent la calèche impériale rouler avec une rapidité vertigineuse des hauteurs de l'Arc de Triomphe.

Tous deux se rejoignirent et échangèrent rapidement leurs impressions.

— L'attelage est *emballé !* dit l'un.

— Elles vont manquer le train, dit l'autre.

— Ou se faire briser contre un obstacle.

— Coûte que coûte, il faut arrêter la voiture ! s'écria le plus jeune des carbonari.

Et sautant à bas de son siége, il courut se poster au milieu de la chaussée, sur le passage de la calèche.

Il avait le revolver au poing.

Son compagnon quitta aussi sa voiture, près de laquelle un homme, surgissant tout à coup de l'ombre, le remplaça.

Il se rangea près de son ami et lui demanda effrayé :

— Que vas-tu donc faire, Orsini ?

— Les sauver, si la chance est pour nous, répondit le célèbre patriote.

Car c'était lui !

En ce moment, la calèche était arrivée déjà devant le débouché de la rue de Chaillot.

Les hommes de la contre-police d'Orsini, échelonnés sur l'avenue, répétaient les signaux d'alarme. A la clarté du gaz, on jugeait de l'effrayante vélocité de l'attelage, par la rapidité avec laquelle filaient les lanternes de la voiture.

Une catastrophe devenait imminente.

Mais Orsini était doué d'un sang-froid remarquable.

Jamais, dans les circonstances les plus dramatiques et les plus périlleuses, il ne perdait la pleine possession de soi-même.

Il se tourna vers son compagnon et lui dit :

— Va reprendre placé sur ton siége ! Que l'un de nos hommes monte sur le mien et soit prêt à me recueillir dans la voiture. Si je ne réussis pas, nous suivrons la princesse au plus près possible.

Et, pendant que son ami s'éloignait, Orsini armait son revolver.

La calèche était à vingt pas ! Il était temps ! Orsini ajusta un cheval et tira cinq coups de feu à hauteur de jarrets.

L'animal eut la jambe gauche de devant fracassée; il tomba, mais il fut traîné pendant plus de trente mètres par l'autre cheval et par suite de l'impulsion précédemment imprimée.

Orsini s'était vivement effacé ; il courut rejoindre la calèche enfin arrêtée.

Déjà les deux voitures arrivaient aussi.

Léona n'avait pas quitté le siége ; la princesse avait sauté à terre.

En voyant Orsini, elle lui tendit la main et lui dit :

— C'est un *rendu* pour un *prêté*.

Nous traduisons ainsi l'élégant proverbe italien qu'elle cita, nous dirons pourquoi plus tard.

Le temps pressait.

Orsini fit monter en un clin d'œil la princesse dans la voiture qui lui était destinée, et Léona dans l'autre ; puis il leur dit avec autorité :

— Partez!

— Mais toi ? demanda la princesse qui le tutoyait.

— Je reste, dit-il, c'est indispensable. Vite ! vite ! à la gare du Nord.

Tout ceci s'était passé en quelques secondes, et, entre temps, Orsini avait donné des ordres aux hommes à lui, accourus et pressés autour de la calèche.

Le cheval blessé avait été dételé et relevé sur trois pieds ; on le maintenait.

L'autre cheval restait attelé.

Les agents de police arrivaient, et il était impossible de ne point répondre à leurs questions.

Orsini avait dit quelques mots à l'un de ses hommes, et il avait sauté dans la calèche.

Déjà la princesse et Léona étaient bien loin !

Orsini, se penchant à la portière, se mit à parler anglais à l'un des siens qui était monté sur le siège et jouait le rôle de cocher.

Un autre carbonaro, qui semblait être un domestique de nationalité anglaise, dit aux agents :

— C'est la voiture de sir Thomas Berkett, un riche Anglais ; l'attelage s'est emporté. Mais sir Berkett, qui connaît ses chevaux et qui sait qu'ils *s'emballent*, a toujours un revolver à sa portée, dans sa calèche. Il tire sur le cheval de gauche, parce qu'il est gaucher, et il prévient ainsi tout accident. C'est le troisième cheval qu'il abat depuis deux ans.

En ce moment, avec un accent anglais prononcé, Orsini tendit un passe-port anglais aux agents qui le lurent machinalement sous un réverbère ; l'un d'eux inscrivit le nom et la prétendue adresse de sir Thomas Berkett qui s'impatientait et qu'ils laissèrent aller...

La calèche, emportée par un seul cheval, fila vers la place de la Concorde.

Le cheval blessé, clopin-clopant sur trois pieds, prit le même chemin...

. . . .

Le lendemain, les journaux du matin, du moins les mieux informés, racontaient comment sir Thomas Berkett, un Anglais excentrique, arrêtait ses chevaux emportés. Paris trouva le moyen original.

Le surlendemain, vers midi, des mariniers retiraient de la Seine une voiture et un cheval attelé qui, mal dirigés pendant l'obscurité, au dire des feuilles publiques, étaient entrés dans le fleuve, croyant suivre les quais. Un second cheval, également retrouvé noyé, trois jours après, avait, toujours d'après les gazettes, été arraché de la voiture par la force du courant, car on ne l'avait repêché que huit cents mètres plus bas.

La vérité, c'est qu'Orsini et ses complices, ne sachant comment se débarrasser et de la calèche et des chevaux, les avaient forcés à se jeter dans le fleuve.

La police se garda bien de rectifier l'erreur de la presse.

Orsini avait tenu à faire disparaître la calèche impériale, parce que, si elle avait été rencontrée vide et abandonnée, elle eût peut-être attiré l'attention, et la police aurait découvert la vérité cette nuit-là même.

Si, malheureusement au lieu d'être questionné, lors de l'accident, par des sergents de ville du quartier, Orsini avait dû subir l'interrogatoire d'un agent de la brigade personnelle de sûreté de l'empereur, bien certainement cet agent aurait reconnu l'attelage et la calèche.

Il se serait méfié.

Mais la brigade de sûreté ne se déployait qu'au delà de l'Arc de Triomphe ; une fois dans Paris, cette surveillance devenait inutile, et, Criscelli avait jugé que si un coup devait se faire, les conspirateurs le tenteraient hors de l'enceinte de l'octroi, dans les chemins déserts conduisant à Auteuil.

On se contentait donc, pour les Champs-Elysées, d'envoyer aux agents du quartier, un renfort pris dans les rues voisines, lorsque l'empereur devait passer.

Ce fut une chance favorable pour les conspirateurs.

Il est vrai qu'en cas d'arrestation Orsini était homme à se défendre et à massacrer les mouchards.

Entre ces derniers et les mazziniens c'était une guerre à mort et sans pitié ; on se considérait réciproquement comme hors la loi.

Ainsi, dans une rencontre, lors de la découverte d'un complot précédent, en mars 1856, les mazziniens poignardèrent cinq ou six agents, à la barrière Montparnasse, et ils parvinrent à s'échapper.

On ne parla jamais de cette défaite à la Préfecture.

En tous cas, Orsini, à force d'audace et de présence d'esprit, s'était tiré d'affaire, et les faits-divers des journaux, racontant les excentricités de sir Thomas Berkett, eurent un plein succès.

Pas un des compagnons d'Orsini ne fut arrêté à la suite de cette affaire, quoique la police, dès le lendemain soir, remuât ciel et terre pour les découvrir.

Cependant les mazziniens, excepté Orsini, n'avaient point quitté Paris.

Ils étaient d'une habileté inouïe pour dépister les mouchards.

Plusieurs d'entre eux, affectant la plus grande ignorance et les airs les plus communs, s'affublaient de costumes calabrais ou napolitains, et ressemblaient à des montagnards délabrés ou à des lazzaroni en guenilles ; ils vivaient humblement dans le quartier Mouffetard, lieu de rendez-vous des modèles et des pifferari, et qui allaient alors, raclant du violon par les rues.

Les carbonari étaient bien cachés au milieu de la colonie italienne de la rive gauche.

On les prenait pour des malheureux gagnant leur vie par les petits métiers de bohèmes qu'exercent ces sortes d'hirondelles de pavé, venues du midi de la péninsule.

Jamais une dénonciation ne partit de là ; tout ce pauvre monde adorait Mazzini comme la suprême espérance de la patrie, et ses agents avaient, dans ce coin de la capitale, toute une armée de partisans fidèles, braves et discrets.

Les complices d'Orsini, continuèrent donc à vivre en plein Paris.

Quant à celui-ci, il quitta la France après cette affaire ; non qu'il eût peur d'être reconnu et livré, mais son cœur volait derrière le train qui emportait la princesse.

Au début de ce récit, nous avons dû, par délicatesse, imiter la discrétion d'Orsini qui jamais ne révéla le nom de la grande dame italienne à laquelle il devait son évasion de Mantoue.

Aujourd'hui nous pouvons parler et dire que cette femme héroïque fut la princesse de X...

Certes, nous n'écrirons pas son nom ; mais ceux qui l'ont deviné nous sauront gré de bien définir ce qui se passa entre elle et Orsini.

La princesse, on le sait, s'était séparée de son mari.

Entre elle et lui il y avait incompatibilité absolue de caractère.

Du côté du mari, les torts s'étaient accumulés ; il avait offensé la princesse en affichant ses maîtresses.

Mais ce gentilhomme de mœurs légères était loyal, brave, ardent patrioté, et il s'était attiré l'admiration de son parti.

La princesse s'était juré de ne jamais manquer à la foi conjugale, malgré sa séparation ; elle voulait conserver sa propre estime, celle des siens, forcer le prince à l'admiration et lui épargner le ridicule.

Mais la princesse admirait et aimait Orsini qui, de son côté, lui avait voué un culte passionné, sans avoir jamais osé espérer quoique ce fût, tant que vivrait le prince.

Situation étrange que celle-là !

Ils s'écrivaient les lettres les plus tendres, ils se tutoyaient, avec une familiarité fraternelle, même devant le monde qui n'ignorait rien de leurs chastes amours ; mais Orsini s'interdisait de faire allusion à sa passion, quand il était en présence de la princesse, car elle lui avait déclaré son inébranlable résolution ; pour jamais, elle eût banni l'homme de sa présence, et sa tendresse pour lui de son cœur, si Orsini eût bravé sa défense.

Il arrivait parfois que le hardi conspirateur, craignant de se laisser emporter par un irrésistible entraînement, fuyait la princesse.

C'est ainsi qu'il était souvent à Londres, quand elle habitait Paris.

De temps en temps il ne pouvait résister au désir de la revoir.

Alors, selon les circonstances, lui ou elle passait le détroit.

Mais ils étaient toujours prêts à mourir ensemble pour le salut de l'Italie.

Aussi lorsque Mazzini avait à donner quelque difficile mission, c'était toujours la princesse et Orsini qu'il choisissait, connaissant la haute valeur de leur dévouement et de leur intelligence.

On conçoit que, après avoir été sauvée cette nuit-là par Orsini, la princesse lui eût dit :

— C'est un *rendu* pour un *prêté*.

Elle faisait allusion à l'évasion de Mantoue.

Orsini pris du désir ardent de la revoir à l'étranger, libre et heureuse d'avoir réussi, partit pour le Havre.

Il était déguisé en missionnaire et muni de toutes les pièces nécessaires pour jouer son rôle.

Il déjoua la surveillance de la police et gagna Londres sans encombre.

La princesse vint l'y rejoindre.

C'est là que Léona reçut la première lettre de Criscelli.

Nous reparlerons de cette intrigue.

Le lendemain matin, vers huit heures, un agent d'Auteuil s'étonnait de trouver un cantonnier dormant profondément sur le sol, aux abords de la *petite maison*.

Il essaya de l'éveiller.

Vains efforts !

L'homme secoué ne sortait pas de sa torpeur, et l'agent se demanda s'il n'était point en présence d'un mort.

Il requit des passants et l'on envoya chercher une civière.

Mais des ouvriers qui se rendaient à leur travail découvrirent d'autres dormeurs.

L'agent était fort embarrassé, car un médecin, mandé par lui, constata que tout ce monde était plongé dans un sommeil léthargique causé par un soporifique.

En même temps, laitiers, boulangers, bouchers, tous les fournisseurs de la *petite maison*, faisant leur ronde matinale habituelle, sonnaient en vain à la grille de la villa.

Personne ne répondait.

L'agent — un habile homme, on s'en aperçut depuis, — n'était pas sans se douter qu'un très-haut personnage fréquentait la *petite maison*.

Des bruits couraient là-dessus dans le quartier et les sergents de ville d'Auteuil, au commissariat, causaient souvent des mystères de la villa.

L'agent soupçonna en partie la vérité.

Il fouilla les dormeurs, trouva leur carte de sûreté et les mit dans sa poche ; puis il se fit aider pour transporter tout ce monde dans une maison voisine, habitée par un concierge et dont les propriétaires étaient en province.

Cette précaution prise, avec le concours de deux de ses camarades, il dispersa les trente ou quarante personnes qui se trouvaient aux abords de cette maison; le rassemblement n'était pas considérable, car le quartier était désert.

Tout cela demanda une demi-heure environ.

Le médecin avait ordonné comme remède du café très-fort, et le concierge en préparait.

L'agent, lui, laissant la garde de la maison et de la brigade endormie à ses deux collègues, sauta en chemin de fer, arriva gare des Batignolles, monta dans une voiture et tomba à la Préfecture, où il raconta à de hauts fonctionnaires ce qui se passait.

— L'empereur est assassiné, s'écria-t-on. Il faut avertir l'impératrice.

— Non! dit l'agent. Ne faites pas cette bêtise-là. Assurez-vous d'abord.

Le conseil était bon et il fut suivi.

Une forte escouade, emportée au galop par des voitures de *grande remise*, fut conduite à la *petite maison*.

Un *agent-serrurier* ouvrit la grille, et l'on pénétra dans l'intérieur.

C'était tout à fait l'aspect du château de la Belle au Bois Dormant, — moins la Belle, — comme nous l'avons dit plus haut, et comme on le redit plus tard dans les ambassades, où l'aventure fut commentée avec force plaisanteries.

Il en fut même fait un conte grivois en vers qui obtint grand succès.

Le concierge dormait, le jardinier était étendu tout de son long dans un couloir; tous les domestiques ronflaient à qui mieux mieux : d'aucuns se trouvaient dans des lits où ils n'auraient pas dû se coucher; on surprit des détails intimes qui brouillèrent, par la suite, plus d'un ménage de mouchards.

Les chiens, eux-mêmes, avaient léché les plats et reposaient dans une douce béatitude; si les rats s'étaient doutés de l'impossibilité où étaient les chats de se défendre, ils les auraient dévorés.

Les agents ne doutaient point qu'ils allaient trouver le chef de l'Etat égorgé.

On pénétra dans la salle à manger, on en ouvrit les volets et l'on vit :

Criscelli à terre, un poignard au poing.

Mais, détail bizarre et important, il semblait avoir eu l'idée saugrenue de se déshabiller et l'on ne retrouvait pas ses vêtements.

Z..., la tête sur la table, dans la position d'un convive qui a jugé que, son lit étant loin et ses jambes faibles, il était plus commode de dormir sur sa chaise.

L'empereur, en bras de chemise, renversé sur son siège, paraissait plongé dans une extase béate; devant lui se trouvaient une coupe remplie d'un liquide laiteux, un nœud coulant de soie et un revolver.

Sous la coupe, une lettre sous enveloppe, avec cette suscription, dont l'écriture fine et élégante dénonçait la main d'une femme :

A Napoléon III

Empereur des Français

Ses frères,

Les carbonari de Londres.

Personne n'osa ouvrir la lettre, et l'on s'occupa d'abord de Sa Majesté.

Médecins, mouchards, hauts fonctionnaires lui prodiguaient leurs soins.

Un seul homme avait un autre souci, c'était l'agent d'Auteuil.

Il voyait Criscelli endormi, et il pensa que c'était un grand service à lui rendre que de l'éveiller.

Il courut à l'office, alluma un feu de bois, fit bouillir de l'eau, et, entre temps, trouva et moulut du café.

En dix minutes il avait préparé une tasse d'essence de moka.

Il la mit dans une bouteille, retourna auprès de Criscelli, lui ouvrit la bouche en desserrant les dents avec un couteau et lui fit avaler le café.

L'agent avait remarqué sur la poitrine de Criscelli une enveloppe de lettre; il la ramassa et s'aperçut, en la tirant à lui, qu'il l'avait légèrement déchirée par le milieu.

Criscelli revint à lui rapidement.

L'empereur resta longtemps encore endormi; il n'avait pas le tempérament énergique de l'agent.

Celui-ci se mit sur son séant et rappela ses souvenirs.

Il allait parler!

— Chut! lui dit l'agent. Lisez d'abord cette lettre qui était sur vous et qui vous apprendra peut-être quelque chose.

Criscelli, pendant que tout le monde s'empressait autour du souverain, ouvrit la lettre et lut ce qui suit :

« Je t'ai sauvé la vie et je t'aime!

« LÉONA. »

Criscelli serra la lettre dans la poche de son pantalon, qu'on lui avait laissé, et il voulut se lever tout à fait.

Il éprouva une douleur à la poitrine, y porta la main et s'aperçut que Léona avait cloué la lettre avec une épingle, en pleine chair, un peu au-dessous du cœur...

L'empereur, grâce à des révulsifs énergiques, sortit de son sommeil vers six heures du soir.

Il était déjà très-débilité à cette époque, et il avait, comme M. de Morny, la funeste habitude de recourir aux stimulants. Ces excitations l'épuisaient singulièrement.

D'autre part, certains traitements spéciaux, qu'il avait dû subir, avaient profondément altéré sa constitution.

Enfin, il avait subi les atteintes de la maladie qui devait l'emporter.

Rien d'étonnant, donc, à ce que la léthargie se fût si longtemps prolongée.

Très-inquiets de la situation dans laquelle se trouvait le souverain, des fonctionnaires zélés et des premiers de l'Etat voulaient que l'on prévînt l'impératrice, ce qui eût été le comble de la maladresse. Heureusement pour l'empereur, Criscelli, bien réveillé, s'opposa à ce que cette démarche fût faite.

Il savait, mieux que personne, que l'empereur avait toute confiance dans M. de Morny, son frère adultérin; il lui dépêcha un agent pour l'avertir de ce qui se passait.

M. de Morny accourut et défendit expressément que l'on envoyât quelqu'un vers l'impératrice; en même temps, il s'installait à la *petite maison*, près de son frère.

Mais Z..., abandonné d'abord, avait reçu des soins.

Il reprit connaissance et fut grandement épouvanté, quand il se rendit compte de ce qui s'était passé.

Devant lui, comme devant l'empereur, se trouvait une lettre, celle-là toute ouverte, et chacun l'avait lue.

Elle contenait ces mots :

« Vous êtes trop méprisable pour mériter la haine; chérissez votre infamie qui vous rend indigne d'être frappé. »

Comme les autres, Criscelli avait lu cette lettre, et il avait murmuré avec un sentiment d'orgueil :

— Moi, au moins, c'est à l'amour que je dois la vie!

Z..., lui, avait reçu trop d'affronts dans le cours de son existence, pour avoir souci d'une offense, même publique.

Il avait fini par se blinder d'indifférence; aussi ne s'émut-il guère des sourires railleurs qui saluaient son réveil, et suivant les inspirations de son génie pour l'intrigue, il résolut de tirer parti de la situation.

L'habitude l'avait rendu habile à nager entre deux eaux; nul, mieux que lui, ne savait profiter d'un courant ou d'un remous.

Il jugea l'occasion propice pour faire sa paix avec l'impératrice, dont la malveillance était à craindre pour lui.

Doucement il quitta la chambre, plus doucement encore il se glissa hors de la maison. Il sauta dans la première voiture qu'il rencontra, et se rendit chez une dame de ses amies, à laquelle il avait rendu de grands services, qui était son alliée dans les entreprises difficiles, et qui savait se taire — qualité moins rare qu'on ne le croit chez les femmes.

Z... pria cette dame de courir en toute hâte aux Tuileries et de raconter à l'impératrice ce qui était advenu à l'empereur à la *petite maison*.

On juge de l'effet que produisit la nouvelle dans l'entourage.

L'impératrice voulait courir à Auteuil; on eut toutes les peines du monde à la retenir. Elle consentit à rester au palais pour faire face à toutes les éventualités.

Des émissaires coururent dès ce moment des Tuileries à Auteuil et d'Auteuil aux Tuileries, rapportant des nouvelles.

Enfin, vers le tard, l'empereur revint accompagné de M. de Morny.

Celui-ci se chargea de calmer l'exaspération de l'impératrice.

C'était un habile homme et il parvint, sans beaucoup de peine, à apaiser l'orage; il était de

ceux qui savent prendre les femmes par leur faible.

Z..., lui, avait bien défendu à son obligeante amie de dire tout d'abord que c'était lui qui avait eu ce zèle de faire tenir un bon avis à l'impératrice; il laissa passer un certain temps.

Lorsque tout fut calmé, Z... ne redouta plus que, dans quelque orageuse discussion, l'impératrice le compromît en avouant qu'elle savait la vérité par lui, Z..., confident et compagnon de plaisir du souverain.

Au bon moment donc, l'amie de Z..., bien stylée par lui et devenue favorite de l'impératrice, profita de quelques mots amers de celle-ci contre celui qu'elle appelait le pourvoyeur de son mari. (Nous adoucissons les termes qui, en espagnol, avaient une énergie brutale.)

L'amie raconta à Sa Majesté comment ce pauvre Z... était moins coupable qu'on ne supposait; comment il ménageait les intérêts de la souveraine, tout en ayant des torts vis-à-vis de l'épouse; comment enfin il avait voulu que Sa Majesté fût avertie, alors que Criscelli, de Morny et d'autres ne le voulaient point.

— Et, ajoutait l'amie, pour l'avenir, Sa Majesté pouvait compter sur le dévouement de Z... qui, sans trahir son maître, ne demandait pas mieux que de servir l'impératrice.

Celle-ci fut enchantée d'avoir un espion auprès de son mari; elle accepta avec enthousiasme l'offre de Z..., qui, par ce coup de maître, obtint les bonnes grâces de Sa Majesté Eugénie, tout en gardant la faveur de Napoléon III.

Quant aux suites de cette aventure, elles furent telles, qu'une grande guerre s'en suivit, comme nous allons l'expliquer, en abordant le vif de notre sujet.

VII

LA VIE D'ORSINI

Sommaire.

Biographie d'Orsini. — Carbonari à quinze ans. — Insurgé de Bologne, à côté de son père. — Condamné au bagne avec lui par le gouvernement pontifical. — Amnistié à l'avénement de Pie IX. — Menacé de mort pendant sept ans. — Emprisonné à Mantoue. — Evasion dramatique.

Nous allons maintenant raconter la vie d'Orsini, d'après des documents indiscutés.

Le lecteur saura de quelle trempe était le caractère de cet homme et il comprendra pourquoi les Italiens honorent sa mémoire malgré le sang dont elle est entachée.

Né à Medole, en 1819, Orsini était signalé comme dangereux dès 1837, et la police le persécutait déjà.

A Bologne, en 1838, il risquait sa tête en se faisant affilier à la société secrète de *la Jeune Italie*, fondée par Mazzini.

En 1843, il combattait intrépidement à Bologne, auprès de son père; il fut des derniers qui résistèrent aux Suisses et aux gendarmes pontificaux.

Le soulèvement fut comprimé avec une fureur sauvage qui souleva l'indignation de l'Europe.

On massacra la population sans pitié, au nom du pape.

Orsini dénoncé, livré aux sbires avec son père, fut envoyé avec lui devant la *Sacra Consulta*.

Ce tribunal condamna ce jeune homme de vingt-cinq ans, aux galères à perpétuité.

Le patriote devenait forçat.

Comme compagnon de chaîne, il avait son père !

Quel crime avaient-ils commis ?

Ils s'étaient soulevés contre l'intolérable oppression du pape Grégoire XVI, qui faisait cause commune avec l'étranger pour écraser l'Italie.

Pendant trois ans, le père et le fils portent la livrée du bagne et sont confondus avec les plus indignes criminels ; ils vivent sans espoir sous le bâton des gardes-chiournes; Grégoire XVI est implacable.

Enfin le pape meurt le 1er juin 1846; Pie IX lui succède et il inaugure son règne par des réformes libérales et par une amnistie.

Orsini et son père sont graciés; ils signent tous deux un acte d'adhésion au gouvernement romain.

Plus tard, on reprocha à Orsini d'avoir violé les engagements pris en cette occasion.

Il répondit qu'il avait donné sa parole à un pontife qui promettait à l'Italie la liberté et une Constitution; mais, que le pape ayant le premier manqué à ses serments, les patriotes étaient dégagés des leurs.

Sorti du bagne, espérant tout du libéralisme du pape, Orsini s'associa au mouvement qui, dans toute l'Italie, poussait les princes à imiter Pie IX et à faire des réformes.

Il risqua de nouveau sa vie et sa liberté, et fit en Toscane une active propagande pour forcer le grand-duc Léopold II à donner une Constitution aux Florentins.

Il fut arrêté, accusé de crimes contre l'Etat, menacé de mort, et enfin expulsé faute de preuves.

On était alors à la veille des événements de 1848.

L'Italie se soulève.

Venise et Milan chassent les Autrichiens et secouent le joug.

Orsini est l'un des héros de la délivrance.

Comme capitaine dans le bataillon de Zambeccari, il prend une part brillante aux combats de Vicence et de Trévise.

Dans la nuit du 27-28 octobre, il prend Mestre, à la tête d'une petite avant-garde.

Membre de l'Assemblée nationale romaine, en 1849, il s'offre pour mener à bien l'œuvre réputée impossible de la répression du brigandage dans les Etats romains.

Les bandits, soutenus par la réaction, mettaient la Terracine, les environs d'Ancône et le territoire d'Ascoli à feu et à sang.

Tout représentant qui agissait sérieusement contre eux était assassiné.

Orsini n'hésita pas.

A la tête des forces révolutionnaires, il écrasa le brigandage et en délivra l'Italie centrale, après avoir échappé miraculeusement au feu et au poison.

Lorsque l'Autriche, forte du secours de la Russie, eut comprimé la révolte de la Hongrie, elle lança ses armées sur l'Italie.

Contre elle Orsini défendit Ancône, puis il se replia sur Rome.

La République française, dominée déjà par des influences cléricales, s'associait à l'Autriche pour écraser le généreuse résistance de l'Italie.

Nos troupes marchaient contre Rome.

Orsini se signala à côté de Garibaldi en combattant pour la patrie sur les murs de la Ville-Eternelle.

Après la prise de Rome, il parvient à gagner Gênes.

En vain la réaction triomphe-t-elle partout, Orsini ne désespère pas.

Lorsqu'une nation est sous le joug, le pire danger qui la menace, c'est le silence dans la résignation ; un peuple qui s'endort sous l'épée du vainqueur risque de ne jamais s'éveiller ; le sommeil après la conquête, c'est la mort.

Mazzini résolut de tenir sans cesse l'Italie en éveil par des tentatives qui, sans chances de réussite, maintenaient l'esprit public en émoi, affirmaient la vitalité du parti révolutionnaire et favorisaient, par d'incessantes secousses politiques, la propagande des sociétés secrètes.

L'agent le plus dévoué, le plus actif de Mazzini, dans les missions secrètes, fut Orsini.

Ce fut encore Orsini qui fut sa meilleure épée dans les échauffourées qui éclatèrent de 1850 à 1855, contre la domination autrichienne.

Chaque fois qu'une conspiration s'organise, c'est Orsini qui la fomente.

Que des troubles éclatent, c'est Orsini qui agite le peuple des grandes villes ou les montagnards des Alpes italiennes.

Qu'une poignée d'aventureux patriotes se jette à corps perdu sur les frontières autrichiennes, c'est Orsini qui les commande.

Il se prodigue dans toutes les émeutes ; il harcèle, sans trêve ni repos, le colosse autrichien qui a terrassé l'Italie ; il arrache celle-ci à la léthargie qui l'envahit ; il stimule l'opinion, surexcite les esprits et les anime du souffle patriotique.

L'Europe croit l'Italie morte ; des convulsions prouvent qu'elle vit toujours.

Tant que le corps s'agite sous le talon qui pèse sur sa poitrine, il ne faut pas désespérer.

Un secours peut venir.

En 1854, l'occasion semblait propice.

L'Autriche ne pouvait compter sur le secours de la Russie, engagée dans la guerre de Crimée et, du reste, indignée de l'ingratitude d'un gouvernement sauvé par le czar en 1849 et lui refusant son alliance en 1854.

Mazzini essaya de pousser à la fois l'Italie et la Hongrie à la révolte.

Il chargea Orsini de parcourir la Lombardie et la Vénitie, puis de s'aboucher avec les patriotes hongrois pour préparer un soulèvement général des deux peuples opprimés.

Pendant de longs mois, Orsini remplit sa mission, sous l'œil des sbires, déployant des trésors de ruse, de patience, de calme audace.

Enfin le 28 août 1855, il était arrêté à Mantoue et jeté dans les cachots du château Saint-Georges.

Ici, nous arrivons au point culminant de la vie d'Orsini.

L'Italie qui l'aimait, la Hongrie qui avait apprécié l'énergie de son caractère, et l'Angleterre où il s'était fait une grande réputation d'honneur, de courage et d'habileté, apprirent et son arrestation et l'étonnante nouvelle d'une évasion réputée impossible.

Orsini avait été écroué, comme nous l'avons dit, au château Saint-Georges.

Cette forteresse était célèbre dans toute l'Italie.

Jamais aucun des prisonniers que les sbires autrichiens lui avaient confiés n'avait réussi à s'en échapper.

Orsini s'en échappa.

Il semblait cependant impossible d'y arriver.

Il était enfermé dans une cellule située au fond d'un couloir, dont la sortie était close par de triples portes de fer.

En supposant qu'un prisonnier fût parvenu à franchir ce triple obstacle, il venait se heurter à une sentinelle qui veillait jour et nuit, prête à faire feu.

Au moindre appel, un poste de dix hommes se rangeait en bataille dans le couloir et le balayait, de bout en bout, d'une décharge de ses armes.

Les sbires soupçonneux s'alarmaient du moindre bruit.

Toujours en éveil, sans cesse aux écoutes, rôdant, épiant, ils s'inquiétaient du léger grincement que produisait la dent d'une souris rongeant le bois.

Tantôt en dessous d'une cellule occupée, tantôt en dessus, l'oreille tendue, ils recueillaient toutes les vibrations causées par le plus petit mouvement du prisonnier; et, s'ils concevaient un doute, ils envahissaient la cellule, surprenaient le secret du travail d'évasion commencé, et se vengeaient cruellement, à coups de bâton, de toute tentative faite pour recouvrer la liberté perdue.

Le malheureux prisonnier, devenu suspect, était mis pour de longs mois au pain et à l'eau. Par d'incessantes visites, on le privait de sommeil; on prétextait d'un geste, d'un regard, d'un mot pour le frapper brutalement.

Souvent on s'ingéniait pour lui infliger un supplice; ainsi, on le suspendait par un bras, l'autre lié, de façon à ce qu'il ne pût s'appuyer au sol que sur la pointe d'un seul pied, le second étant relevé par une courroie. On le laissait ainsi pendant des heures.

Pour épouvanter Orsini, les sbires usèrent d'un moyen qui produisait toujours un grand effet sur l'imagination des prisonniers.

Ils apportèrent une caisse grillée remplie de rats, fermèrent les portes de la cellule, ouvrirent la caisse et en vidèrent le contenu.

Les rats se blottirent dans tous les coins; il y en avait des centaines, tous énormes.

Les geôliers s'en allèrent, emportant la caisse vide, riant, mais ne répondant pas aux questions d'Orsini.

La porte close les rats s'enhardirent peu à peu et le prisonnier comprit bientôt quelle torture on lui infligeait.

La nuit venue, comme il s'endormait, les rats se mirent à courir partout, et il était à peine assoupi qu'il se sentait mordu aux mains et au visage.

Il lui fallut se lever et marcher toute la nuit.

Au jour, il espéra pouvoir s'assoupir, mais à peine avait-il fermé les yeux, assis sur sa chaise, que l'attaque recommençait.

Orsini ne douta pas que s'il eût été vaincu par le sommeil et la fatigue, les rats ne l'eussent déchiqueté vivant.

Enfin les sbires reparurent, rapportant la caisse, et le geôlier chef dit à Orsini:

— Quand un prisonnier nous ennuie, nous insulte, est indocile ou cherche à s'évader, nous le livrons aux rats pour une, deux ou trois nuits; *il ne passe jamais la quatrième...* Avis!

Et montrant la caisse:

— Vous allez vous payer les plaisirs de la chasse. Rattrapez les rats, et mettez-les là-dedans; c'est le seul moyen de vous en débarrasser.

Les sbires partis, Orsini, au lieu de courir après les rats, imagina de placer au fond du coffre sa ration de pain et de se tenir auprès, assis et immobile, tenant le couvercle dans sa main.

Bientôt les rats sentant le pain se précipitèrent dessus et se livrèrent dans la caisse une bataille acharnée pour se disputer les miettes.

Orsini laissa tomber le couvercle et fut débarrassé d'un seul coup.

Quand les sbires de ronde revinrent vers le soir, ils apportaient des linges et de la charpie.

D'habitude, après la chasse aux rats, le prisonnier avait les mains déchiquetées par les morsures.

En voyant celles d'Orsini en bon état, les geôliers s'étonnèrent; il leur expliqua comment il s'y était pris, et, jouant un rôle qui lui réussit à merveille, il affecta de rire et de plaisanter, mettant à profit la merveilleuse souplesse du caractère italien pour paraître d'humeur accommodante.

Les geôliers, avant d'enlever ce qu'ils appelaient le coffre aux rats, racontèrent à Orsini qu'ils disposaient d'un autre moyen, plus révoltant, pour ramener un prisonnier insubordonné à la douceur; ils le livraient à la vermine contenue dans trois sacs que l'on vidait dans la cellule.

Les geôliers fuyaient aussitôt, car une minute à peine s'écoulait avant que la victime fût couverte d'insectes immondes.

Une demi-heure après, les geôliers revenaient avec des sceaux d'eau; ils inondaient le prisonnier, qu'ils trouvaient presque toujours inanimé, au milieu de la chambre. Ils le déshabillaient, ramassaient avec des éponges les insectes mouillés et mettaient le malheureux au lit.

Il fallait des semaines pour le remettre sur pied, car il était toujours atteint d'une fièvre urticaire.

Orsini déclara aux sbires que l'expérience des rats lui suffisait pour adopter une ligne de conduite prudente.

— Du reste, dit-il, je n'ai pas à me préoccuper de ma délivrance par une évasion, puisque j'ai des amis très-puissants qui me tireront d'ici par une grâce obtenue de l'empereur. Je ne passerai certainement pas l'année sous les verrous.

Et, depuis, il affecta de paraître très-peu affligé de sa détention ; il parlait souvent de ses protecteurs, et surtout d'une dame du plus haut rang, dont il était aimé et qui ferait tout pour lui, d'autant plus qu'elle était en grand crédit à la cour.

Orsini joua cette comédie avec tant de naturel, que les sbires y furent pris et le jugèrent peu dangereux.

Cependant, Orsini avait formellement arrêté son projet d'évasion.

Rien n'avait pu intimider ce caractère indomptable.

Il tendit toutes les forces de sa volonté vers un but unique :

La liberté !

Il comprit que du côté du couloir il ne fallait rien espérer.

Toutes ses espérances se portaient vers la fenêtre de sa cellule.

De là venait le jour et, comme la plante enfermée dans une chambre, il se tournait invinciblement vers les barreaux de cette ouverture, à travers laquelle filtrait la lumière.

Les grilles étaient doubles et placées de telle sorte qu'il était impossible de passer la main dans l'intervalle de leurs croisillons.

En outre, elles étaient élevées de sept pieds au-dessus du pavé de la cellule, et Orsini ne pouvait les atteindre qu'en se mettant debout sur la dernière des traverses du dossier de sa chaise.

Longtemps il s'exerça à se tenir ainsi en équilibre et il devint d'une extrême habileté.

Du haut de cette échelle improvisée, il parvenait à toucher aux barreaux ; mais sa tête n'arrivait pas à hauteur et il n'apercevait que le ciel. Il s'agissait de savoir ce qui se trouvait au pied du mur.

Il y arriva, grâce à une ficelle, qu'il avait fabriquée en effilant patiemment les extrémités des draps de son lit chaque fois qu'on les lui renouvelait.

Fort heureusement pour lui, la lésinerie du directeur de la prison lui facilita cette tâche.

Les draps, en mauvais état, étaient élimés, troués, en lambeaux.

Les geôliers ne pouvaient constater le larcin de quelques brins adroitement tirés un à un.

Orsini, par un long et patient travail, parvint donc à se fabriquer une espèce de cordonnet, propre à servir de fil de sonde.

Ce premier résultat atteint, à l'extrémité de ce fil il avait attaché son gobelet, et il avait mesuré la hauteur à laquelle il se trouvait au-dessus du sol.

Cette hauteur était d'environ *cent pieds.*

Elle n'effraya cependant point Orsini. Il avait, en effet, remarqué que le gobelet qui lui servait de sonde revenait mouillé. Le fossé de la forteresse dans laquelle il était enfermé était donc rempli d'eau.

Orsini, par le même procédé, avait mesuré la profondeur de cette eau, il avait constaté qu'elle était de plus de deux mètres, et qu'ainsi, dans le cas où il lui serait impossible de se procurer une corde assez longue pour descendre jusqu'au pied de la muraille, la chute qu'il serait forcé de faire se trouverait amortie.

C'était là un résultat important.

Orsini savait maintenant que sa fenêtre donnait sur la campagne, sur le fossé même de la forteresse, entourée d'eau et de marécages, comme toutes les fortifications de Mantoue.

Cependant ce n'était là, en somme, qu'une simple constatation, et, pour y arriver, que de soins, de peines, de précautions, de fatigues et de temps !

A chaque instant il pouvait être surpris fabriquant son cordonnet, effilant ses draps, grimpant sur sa chaise.

Il lui avait fallu préalablement faire ce qu'il appelait l'*apprentisage de l'oreille du prisonnier,* c'est-à-dire développer le sens de l'ouïe.

Tout ce qu'on raconte de merveilleux sur la finesse de ce sens chez les sauvages, n'arrive pas à la perfection qu'il atteignit chez Orsini.

C'était du reste pour lui une question de vie ou de mort.

De peur d'être surpris dans son interminable besogne, il s'était tout d'abord accoutumé à percevoir les moindres bruits qui pouvaient se faire entendre dans le couloir d'accès de sa cellule. Il était demeuré des jours entiers aux aguets, l'oreille collée contre la porte, et ses facultés auditives, ainsi exercées, étaient devenues si exquises, qu'il entendait la sentinelle respirer au loin, et que, même pendant que les cloches de Mantoue sonnaient à toute volée, les jours de fête, il distinguait très-nettement le son des pas du soldat.

Il ne se mettait jamais au travail sans avoir collé son oreille aux murs et au plancher.

Sûr de ne pas être espionné, il continuait chaque jour l'œuvre commencée.

La grande question était, pour lui, de scier les barreaux de sa fenêtre.

Mais comment y arriver ?

Nous avons dit qu'il en était venu à inspirer confiance à ses gardiens ; à force de parler de certaine grande dame qui le protégeait, en continuant à être imperturbablement gai, d'humeur légère et de plaisanterie facile, il leur avait donné la conviction qu'il considérait son élargissement comme prochain.

Or, tout homme a un rêve d'ambition qu'il caresse.

Un jour, un sbire lui dit en riant :

— Puisque vous avez une puissante protectrice, vous devriez bien, une fois libre, me faire donner de l'avancement ; car vous avez dû remarquer que je suis très-obligeant pour vous.

— Mon ami, lui dit Orsini, comptez sur moi pour vous être agréable.

Mais il se garda bien de faire aucune ouverture sur ses projets à cet homme, il ne lui demanda même aucun service.

Le sbire revint de lui-même plusieurs fois à

la charge; Orsini se contenta toujours de lui promettre de s'occuper de lui.

Un jour, enfin, ce guichetier lui demanda s'il ne serait pas content de communiquer avec le dehors?

— Il y a, lui dit-il, une dame qui n'est pas celle dont vous m'avez parlé, mais que je crois envoyée par cette personne haut placée. Elle a fait des démarches auprès du directeur, pour qu'on vous autorise à recevoir des vivres du dehors. En demandant, vu votre bonne conduite, dont nous témoignerons tous, à ce que votre nourriture soit améliorée, vous obtiendrez peut-être l'autorisation, accordée à quelques-uns, de recevoir des plats du dehors.

Orsini comprit aussitôt toute la vérité.

Il avait inspiré à une femme du meilleur monde un attachement passionné; comme Orsini n'a jamais voulu la nommer, nous imiterons sa réserve; il nous est toutefois permis de dire que cette dame était la princesse...

Le directeur de la prison et les guichetiers crurent tous que cette personne était chargée de s'occuper du prisonnier, par la grande dame autrichienne et bien en cour dont il avait parlé si souvent, mais qui n'existait que dans son imagination.

Orsini calcula que cette erreur serait son salut.

Il laissa, bien entendu, le guichetier dans ses illusions et fit la demande que celui-ci lui avait conseillé d'adresser au directeur.

Ce dernier l'accorda.

Faveur autorisée du reste par le règlement pour les prisonniers signalés comme *résignés*.

Mais tout ce qui venait du dehors était examiné avec un soin méticuleux.

Orsini espéra pourtant recevoir par cette voie le secours qu'il attendait, et qui lui parvint.

Avec une admirable sagacité, la jeune femme qui l'aimait devina que l'instrument de la délivrance devait être une scie à métaux.

Un jour, dans un gâteau, au cœur d'une amande, il trouva enroulé sur lui-même et enveloppé dans une mince feuille de cuivre, un ressort de montre.

Il le développa et s'aperçut que la fine lame d'acier était taillée en scie.

Il se mit à l'œuvre aussitôt; mais il trouva des difficultés inouïes à vaincre.

On se souvient que, en grimpant sur le dossier de sa chaise, il atteignait les barreaux de sa fenêtre avec les mains, mais ne les voyait pas.

Impossible de travailler dans ces conditions.

Il fut obligé de se soulever à l'aide du bras gauche, de manier sa scie avec la main droite et de se tenir ainsi suspendu pendant de très-courtes séances nécessairement, interrompues par la fatigue.

On voit quelle volonté il dut déployer pour arriver à bonne fin.

Néanmoins, avec une habileté merveilleuse, avec une patience de plusieurs mois, il parvint à couper, un à un, tous les barreaux. Il cachait tous les traits de scie avec de la mie de pain brûlée, à laquelle il mêlait de la rouille.

Mais, les barreaux sciés, ce n'était point encore la liberté; il fallait franchir le précipice, et la fenêtre, désormais ouverte, n'était qu'une bouche béante sur un abîme.

Il fallait fabriquer une corde à nœuds, et Orsini ne pouvait la tirer que de ses draps.

Il se dit malade de la fièvre paludéenne qui sévit à Mantoue, simula des accès et se tint au lit le jour où l'on avait l'habitude de changer de linge des prisonniers.

Quand le gardien parut, chargé de son paquet, Orsini le pria de le laisser sur la table en disant qu'il donnerait les draps sales le lendemain.

Nous l'avons dit, les guichetiers avaient pris confiance en lui.

Celui auquel il s'adressait était précisément ce porte-clef ambitieux qui comptait monter en grade par la protection d'Orsini, rendu à la liberté.

Il ne fit aucune objection, laissa le paquet sur la table fixée au plancher, et engagea son prisonnier à se soigner et à prendre ses potions de quinine.

Les gardiens changeaient chaque jour; le lendemain, Orsini avait caché son linge sale et personne ne le lui réclama.

Il se trouvait donc possesseur d'une paire de draps; il la coupa en morceaux qu'il tressa ensuite et se fit ainsi une corde solide d'une grande longueur.

Enfin, le 29 mars 1855, toutes ses mesures étant prises, il attacha cette corde à l'un des tronçons des barreaux, et, muni de quelques oranges qu'il s'était procurées pour étancher sa soif en cas de blessure, il opéra sa descente par une nuit sombre et pluvieusee.

Déjà, en se maintenant avec les pieds contre la muraille il avait parcouru plus de vingt mètres; déjà il apercevait, au-dessous de lui, l'eau du fossé; il en sentait les émanations monter jusqu'à lui, quand tout à coup la force lui fit défaut; une sorte de vertige troubla sa vue et, de plus de quinze pieds de haut, il tomba, heurtant lourdement dans sa chute le bord rocailleux du fossé.

Il était grièvement blessé au genou et au pied, et ne pouvait plus se tenir debout.

Sa volonté cependant ne faiblit pas. Avec une indomptable énergie, il s'accrocha aux roseaux, puis aux herbes; il parvint à parcourir, en rampant, plus de trois kilomètres et à se blottir dans la campagne au milieu des broussailles.

C'est là que glacé, exténué, mourant, il fut découvert le lendemain par des chasseurs.

Il leur raconta son aventure, et son courage leur inspira une telle admiration qu'ils l'aidèrent à s'éloigner et lui fournirent les moyens de trouver chez des amis politiques un asile impénétrable.

Après sa guérison, Orsini passa en Angleterre où il fit, dans des lectures publiques, le récit de sa vie avec un tel succès qu'il gagna plus de cent mille francs en une seule année.

Sur des sollicitations nombreuses, il publia même ses conférences qui parurent à Londres en deux volumes sous le titre de : *Prisons politiques de l'Autriche en Italie* et *Mémoires politiques d'Orsini.*

Quelques dissentiments s'étant élevés entre lui et Mazzini, il entreprit ensuite la publication d'un journal pour la défense de ses idées personnelles.

Aussi, dans les derniers mois de 1857, paraissait-il entièrement absorbé par la correction des épreuves de ses œuvres et par les difficultés qu'il éprouvait à réunir le capital nécessaire pour la fondation de son journal.

Des pensées autrement graves cependant préoccupaient son esprit et depuis longtemps déjà Orsini n'avait plus qu'un but, qu'une idée, qu'une volonté : faire disparaître Napoléon III !

Et il s'en croyait le droit.

Maintenant qu'à grands traits nous avons raconté la vie de ce patriote, réservant absolument notre jugement sur l'attentat, ne sommes-nous pas en droit de dire que peu d'hommes ont fait pour la patrie de plus douloureux sacrifices ?

Nous pouvons donc conclure qu'Orsini n'était pas un de ces fanatiques aux idées étroites, s'armant contre un chef d'Etat, au nom d'un système de politique intérieure.

C'était une tête ardente, un cœur chaleureux, inspiré par le patriotisme et se dévouant pour son pays.

VIII

LE PLAN DE NAPOLÉON III

— Sommaire.

L'empereur hors la loi. — Le crime. — Mort au tyran. — Le droit au régicide. — La tyrannie à l'intérieur. — La politique cléricale à l'extérieur. — L'influence de l'impératrice. — Le spectre de Rome. — Les attentats successifs. — Le pacte avec Mazzini.

Nous étudions les conditions dans lesquelles se produisit la tentative d'Orsini. Nous ne pouvons rien négliger de ce qui explique les sympathies dont le coupable fut entouré en Europe.

Lorsque l'on examine froidement la situation, il s'en détache un fait qui prime tout.

Napoléon III était non-seulement hors la loi, comme carbonaro, mais encore comme souverain.

Le coup d'Etat était un crime, le pire des crimes ; il avait coûté tant de sang et tant de larmes, qu'il excitait l'horreur et la réprobation du monde.

L'empire, lui-même, rougissait de son origine et n'osait fêter le 2 décembre ; il eût voulu faire oublier ce jour néfaste ; il se refusait à dater de son point de départ ; il en fut défié publiquement à la barre d'un tribunal, et il n'osa sévir contre l'avocat, célèbre aujourd'hui, qui le souffletait de cette date.

Par la violence, en assassinant les défenseurs de la loi, en mitraillant le peuple pour inspirer la terreur, en déportant et en fusillant trente mille hommes, l'empire s'établit.

Mais il fut flétri par le tribunal suprême de la Haute-Cour, qui, tremblant de peur, sans énergie comme sans dignité, n'en fut pas moins forcée, tant le crime était évident, de décréter l'usurpateur hors la loi.

Dès lors, tous les actes du pouvoir étaient entachés de nullité.

Aussi, dans les dernières années, lorsque, sous la révolte de la conscience publique, l'empire fut enfin forcé d'accorder une ombre de liberté, on entendit craquer de toutes parts l'édifice vermoulu de sa puissance.

S'il ne fût pas tombé à Sedan, il se fût effondré à Paris quelques années plus tard, sous le souffle irrésistible d'une révolution que la presse étrangère baptisait d'avance :

LA RÉVOLUTION DU MÉPRIS !

Il faut donc, lorsqu'il s'agit d'un régicide, condamner, avec une scrupuleuse bonne foi, celui qui frappe le roi, le souverain voulu, l'élu de la nation : une reine Victoria, un Victor-Emmanuel.

Celui-là commet un exécrable forfait.

Mais n'est-il pas plus excusable celui qui, en en somme, ne fait qu'exécuter l'arrêt rendu par la Haute-Cour, mettant un ambitieux hors la loi.

Ceci spécifié, revenons aux droits autres, et résultant d'une autre situation, qu'Orsini prétendait avoir sur la vie de Napoléon III.

Certes, nos affaires intérieures ne le regardaient point.

Que l'empereur tyrannisât la France, ceci ne lui importait pas, en tant qu'Italien.

Les carbonari et Mazzini, leur chef, ne se seraient donc pas préoccupés de cette politique intérieure, si elle n'avait été l'indice évident des influences qui dominaient l'empereur, influences réactionnaires et cléricales, qui rendaient impossible la réalisation des espérances fondées par les patriotes italiens sur un souverain affilié à leur société.

Les prêtres dominaient évidemment aux Tuileries ; l'impératrice engageait chaque jour plus avant Napoléon III dans une politique ultramontaine ; la France s'inféodait au pape.

Au moment même où Napoléon se croyait le mieux protégé par sa police contre les carbonari, ceux-ci se préparaient à sévir contre lui.

Mazzini se sentait en droit d'agir.

Ce droit, il le tenait, en face de l'Europe, non plus seulement des serments secrets du prince carbonaro, mais encore de promesses solennelles faites par Louis-Napoléon dans sa lettre à Edgar Ney.

On se souvient que cette lettre contenait tout un programme libéral qui devait s'imposer au pape dont nos baïonnettes soutenaient à Rome l'autorité chancelante.

Tant qu'il n'avait été que président, Louis-Napoléon avait prétendu qu'il était impuissant, en raison de l'opposition d'une Chambre réactionnaire ; mais il était empereur, il était maître de la situation, et il refusait d'exécuter le programme tracé par lui.

Dès lors Mazzini était autorisé à menacer de mort Napoléon III.

Il le fit, comme nous l'avons vu et lui donna un dernier et grave avertissement dans l'affaire de la *petite maison*.

Examinons ce qui se passa ensuite.

Pour apprécier sainement les faits historiques qui furent la conséquence de cet avertissement donné à l'empereur par Mazzini, il importe de jeter un coup d'œil sur la situation générale de l'Europe.

A cette époque, l'Autriche faisait peser sur le nord de l'Italie un joug de fer ; elle avait comprimé la Hongrie et son influence était toute-puissante dans le royaume de Naples.

La Russie « se recueillait » depuis la guerre de Crimée, et la Prusse attendait l'heure d'agir, en préparant ses armées formidables.

La nation anglaise marchait à la tête de l'Europe libérale.

La France s'était placée à l'avant-garde de la réaction.

Son gouvernement avait tenu à honneur de rétablir le pape à Rome et de l'y imposer par la puissance des baïonnettes.

À l'intérieur, Napoléon III, arrivé au pouvoir par un coup d'Etat, continuait à régner despotiquement, sans racheter les périls et les hontes du gouvernement personnel par la bonne administration et par le talent diplomatique.

Nous étions isolés comme le seront toujours les peuples marchant hors de leur voie.

La France, libérale par instinct, généreuse, chevaleresque, éprise du beau et du bien, tressaillant aux idées d'émancipation et de progrès, la France ne peut rester à son rang, conserver l'amitié des petits peuples, ses clients, imposer le respect et s'entourer d'alliances, qu'en demeurant fidèle à son génie et à son tempérament.

Et comme le régime impérial avait arrêté l'essor de nos aspirations, nous avions perdu l'affection de nos voisins.

L'Angleterre ne nous savait aucun gré des efforts faits à Inkerman pour sauver son armée ; Napoléon III n'avait pas voulu pousser à fond la campagne, tirer de la victoire toutes ses conséquences et régler la question d'Orient. L'empereur avait tenu à se montrer extrêmement bienveillant pour la Russie après la prise de Sébastopol ; son but n'était pas de sauvegarder les intérêts de la France, mais de gagner l'amitié personnelle du nouveau tzar ; amitié qu'il ne posséda jamais.

Ces concessions faites au cabinet de Saint-Pétersbourg lésaient les Anglais, et ils se sentirent autorisés, par la suite, à ne consulter, vis-à-vis de nous, que leur égoïsme, attitude justifiée malheureusement par celle de notre gouvernement.

L'Autriche, quoique cléricale, ne daignait pas marcher de pair avec un Napoléon qui avait déjà déchiré un coin des traités de 1815, et qui n'était qu'un parvenu, au milieu des souverains de vieille souche.

Quant à la Prusse, elle se tenait en garde contre la revendication des bords du Rhin, idée d'annexion imaginée par Napoléon III pour flatter le chauvinisme national, idée fatale préconisée par les journaux officieux, idée qui animait tous les esprits en Allemagne contre nous.

En Belgique, on savait que l'empereur avait mûri un projet de conquête, englobant une partie de la Hollande ; ces petits Etats neutres tremblaient pour leur indépendance et ne souhaitaient rien tant que la diminution de notre influence.

La Suisse, par suite des révélations de la diplomatie prussienne, n'ignorait pas que Napoléon III rêvait de créer un département du Léman, avec Genève pour chef-lieu.

Nous avons pu constater nous-même à quel degré d'exaspération les esprits en étaient arrivés dans les cantons.

Déjà les Espagnols trouvaient que l'impératrice Eugénie se mêlait beaucoup trop de ce qui se passait au delà des Pyrénées, où elle était impopulaire, en raison de certains faits datant de loin.

De cette revue des dispositions de l'Europe contre nous, il résulte que nous n'avions à compter sur personne, malgré les concessions faites aux idées ultramontaines, au principe monarchique et aux idées réactionnaires.

Il est donc souverainement injuste de prétendre que l'influence de Mazzini nous a été fatale, que le changement de front qu'il imposait à l'empereur, nous faisait perdre des alliances précieuses.

Nous étions seuls, bien seuls.

En défendant la cause italienne, nous rallions à nous le Piémont d'abord ; avec lui toute l'Italie et la nation hongroise.

Nous devenions le glorieux et puissant soldat de la grande idée révolutionnaire ; nous apparaissions au monde comme la nation libératrice de l'humanité.

Toutes les défiances des peuples tombaient.

Tous les craintes s'évanouissaient !

Mais il eût fallu adopter une politique claire et nettement dessinée, inspirant confiance et entraînant les adhésions.

Or, comme nous allons l'expliquer, l'empereur voulait, dès le début, tromper tout le monde, après avoir donné l'essor aux plus vastes espérances.

N'avait-il pas lancé cette proclamation : « L'Italie doit être libre des Alpes à l'Adriatique. »

Cette promesse de rendre l'Italie libre, des montagnes à la mer, fut faite à Mazzini avant d'être écrite dans la proclamation fameuse qui ouvrit la campagne d'Italie.

L'empereur envoya divers personnages, en Angleterre, auprès du chef des carbonari, qui résidait à Londres ; il s'engageait formellement à déclarer la guerre à l'Autriche.

Il ne demandait, disait-il, qu'un délai très-court, mais indispensable, pour mettre son armée sur le pied de guerre.

Mazzini répondit que cette fois encore il attendrait ; mais défiant, et à bon droit, il rappelait souvent à l'empereur que les délais convenus s'écoulaient rapidement.

Le principal émissaire des *Ventes italiennes* fut le comte Arèse, qui vint souvent, au milieu des fêtes de la cour impériale, rappeler à Napoléon III ses engagements.

On dit qu'il produisait sur l'empereur l'effet du spectre de Banco ; à la vue du comte, Louis-Napoléon songeait aux poignards des carbonari.

Las de cette situation, il prit enfin la résolution de se débarrasser de cette menace perpétuelle ; mais, comme nous l'avons dit, il combina un plan qui lui donnait encore du temps avant d'agir, et les délais sont précieux pour un politique de cette trempe. Par la combinaison qu'il imaginait, il ne lâchait pas la bride aux passions révolutionnaires, et il *agissait monarchiquement.* Forcé enfin de tenir son serment de carbonaro par l'imminence du péril, il n'entendait pas, cependant, se servir de l'élément républicain, et il se refusait à soulever les peuples contre les princes ; il se préparait à employer d'autres moyens, moins dangereux pour sa dynastie, car la révolution triomphante au delà des Alpes l'eût fait trembler pour son trône.

Il songea donc à se servir du roi Victor-Emmanuel comme d'instrument de libération.

Le Piémont déclarant la guerre à l'Autriche, la France soutiendrait le Piémont ; le but serait atteint par des armées régulières, et non par des bandes insurgées.

Dès lors, point de république italienne.

Le danger de voir l'exemple contagieux d'une insurrection gagner la nation française était écarté.

Mais ce plan présentait d'autres avantages. Il permettait à l'empereur (celui-ci le croyait du moins) de faire l'Italie à sa guise en imposant sa volonté au petit roi de Turin.

Victor-Emmanuel, d'après les calculs de l'empereur, serait d'un côté enchaîné par la reconnaissance, de l'autre retenu par son impuissance à exiger l'accomplissement intégral du programme convenu.

Ce programme, l'empereur n'avait jamais voulu le tenir, et sa pensée réelle n'était point de constituer franchement un puissant Etat italien.

Gêné par le souvenir de ses serments, craignant le poignard des carbonari, il se donnait les apparences d'un homme qui accomplit ses promesses ; en réalité, au lieu d'un grand Etat italien, il voulait former une confédération italienne, gouvernée, il est vrai, par des princes indigènes, mais faible, désunie, par l'antagonisme du Piémont au nord, contre le royaume de Naples au midi.

Les intérêts de l'Eglise, chers à l'impératrice, étaient sauvegardés avec soin dans ce projet ; la papauté y retrouvait même son immense influence et devenait l'arbitre de la péninsule ; l'empereur contentait les plus chers désirs des ultramontains en donnant au pape la présidence de cette confédération.

On ne saurait douter que ce plan n'eût été formé, puisqu'il se révéla très-nettement plus tard, après Solférino.

L'empereur avoua très-clairement alors qu'il s'était arrêté parce qu'il ne pouvait continuer la guerre sans l'appui de la révolution, dont il ne voulait à aucun prix.

D'autre part, après la paix de Villa-Franca, il préconisa hautement l'idée d'une confédération que Cavour et Mazzini firent avorter.

Telles étaient les combinaisons de cet esprit machiavélique qui ne sut jamais adopter une politique loyale, qui cherchait sans cesse à duper les autres et finissait toujours par être trompé dans toutes ses prévisions.

Il n'eut ni l'amitié des Italiens, ni l'estime de l'Europe, ni la reconnaisance du pape.

Et, plus tard, jouant encore double jeu entre la Prusse et l'Autriche, il perdit une dou-

ble partie dont l'Alsace et la Lorraine furent le prix.

Ni la guerre de Crimée (nous l'avons prouvé), ni celle d'Italie n'eurent d'heureux résultats pour nous:

Nos victoires furent stériles. Et la guerre de 1870 fut une série de désastres.

Rien ! rien de bon, rien d'utile, rien de sérieux ne fut fondé par l'empereur.

Et comment en eût-il été autrement ?

Personne ne pouvait compter sur lui ; personne ne s'alliait franchement à l'homme qui trompait ses alliés, rusait avec eux, ne tenait aucun serment.

Ainsi, même après avoir conçu le plan que nous venons d'esquisser, il recula encore le plus possible l'heure de l'action, et c'est ce qui amena l'attentat d'Orsini, exécuté malgré Mazzini, qui consentait à patienter encore.

Orsini, las d'attendre, indigné des faux-fuyants et des retards, résolut d'en finir, et ce n'est pas un des traits les moins curieux de cette affaire, que Mazzini ait désapprouvé l'acte d'Orsini, jusqu'alors son plus fidèle ami.

Nous allons expliquer les causes de cette brouille entre les deux chefs des carbonari italiens.

IX

MAZZINI ET ORSINI

Sommaire.

Mazzini à Londres. — Le demi-dieu. — Les fanatiques. — Le vieux de la Montagne. — Les dissidents. — Les abîmes de l'orgueil. — Un génie sous clef. — Les rivalités féminines. — La rupture.

La rupture de Mazzini et d'Orsini eut des causes multiples, dont la première, la plus grave, la plus profonde, était toute politique.

Mazzini avait d'abord adopté comme ligne de conduite, après 1852, la revendication énergique et incessante des droits de l'Italie contre l'étranger ; son but était de tenir en éveil l'esprit public, de réagir contre l'affaissement qui suit les désastres et de prouver que les espérances de liberté n'étaient point mortes.

Dans ce but, Mazzini avait provoqué des insurrections qui n'étaient que des coups de tête, mais dont l'effet était celui de secousses électriques galvanisant le peuple.

Orsini avait été le héros de ces révoltes à main armée ; il en avait pris le goût et il croyait qu'à force d'héroïsme, on pouvait réussir un jour à soulever la nation, à généraliser la guerre de partisans, à se maintenir sur un ou deux points, et à marcher, de ces bases d'opérations à la conquête de toute la péninsule.

C'était certainement une erreur, mais une erreur de soldat chevaleresque, d'aventurier au cœur généreux.

Toutefois Mazzini voyait juste, lui!

L'ennemi tenait les forteresses ; il couvrait l'Italie de ses armées ; il disposait d'immenses ressources ; il pouvait écraser les villes sous le feu des citadelles et balayer les bandes d'insurgés dans les campagnes, avec des colonnes nombreuses et aguerries.

Mazzini le savait.

A demander au peuple des sacrifices disproportionnés, impossibles et inutiles, on perd sa confiance.

En grand homme d'État qu'il était, le célèbre chef des carbonari refusa de seconder l'ardeur d'Orsini et de lui donner l'occasion de fomenter des troubles dans la Lombardie.

Il y eut froissement entre ces deux natures si différentes.

Orsini, homme d'action, ne portait pas ses vues au delà de l'objectif immédiat; il avait foi dans l'épée; il croyait que la bataille était le moyen suprême, que marcher c'était avancer !

Mazzini, du fond de son cabinet, jugeait de plus haut.

Il était convaincu que, à certaines heures, combattre c'est dépenser des forces précieuses en pure perte; il regardait la guerre comme un moyen, mais non comme l'unique moyen ; il subordonnait la lutte par la baïonnette à la lutte par l'intelligence; il avait formulé cette grande loi que, avant de donner la parole au canon, la victoire doit être remportée dans l'esprit.

En un mot, Orsini avait un tempérament de martyr et Mazzini le caractère d'un homme d'Etat.

On comprend, dès lors, que ces deux hommes se soient heurtés, lorsque Mazzini changea de politique et déclara provisoirement fermée l'ère des séditions partielles, les seules possibles.

Certes, il avait raison; certes, il jugeait sainement! Et l'avenir a décidé en sa faveur dans le dissentiment qui le sépara à jamais de son lieutenant en 1857.

Mais on doit reconnaître que, pour un conspirateur de la trempe d'Orsini, il était pénible d'admettre le changement de front de son chef.

Plus de luttes vaillantes !

Plus de tumultes populaires bouleversant les cités et alarmant les tyrans !

Il fallait attendre patiemment, tranquillement, que l'idée eût fait son chemin.

Orsini ne pouvait maîtriser son impatience, et la fièvre ne lui permettait pas de porter un jugement sain sur cette stratégie diplomatique.

Cependant tout prouvait que Mazzini était dans le vrai.

Le Piémont raffermi, indispensable à l'équilibre européen, formait un noyau de résistance solide, auquel s'adossait l'Italie libérale; ce petit Etat indépendant, avec ses cent mille soldats, soutenus par de nombreux volontaires, se trouvait naturellement désigné comme étant le rempart de la liberté italienne; et, libre lui-même à l'intérieur, jouissant des bienfaits d'une monarchie franchement constitutionnelle, il se trouvait être l'antagoniste naturel de l'Autriche et l'espoir du pays.

Or, le gouvernement piémontais, relevé du désastre de Novare, soutenait très-efficacement la propagande libérale en Italie; partout le mouvement des esprits se dessinait en faveur de l'émancipation, et les yeux de la nation étaient, on peut le dire, fixés sur Turin.

Il fallait laisser faire, laisser courir ce souffle sur le pays ; une insurrection, prématurée et comprimée, aurait glacé les cœurs, assombri les esprits, éteint les courages.

Si le Piémont avait soutenu le mouvement, il était de nouveau écrasé, en se donnant vis-à-vis de l'Europe le tort d'une agression.

S'il restait neutre, on lui reprochait sa prudence comme une lâcheté.

Il fallait donc attendre !

Orsini s'y refusa avec colère, avec obstination.

De plus, il voyait avec désespoir, lui républicain, que c'était la monarchie piémontaise qui semblait appelée à délivrer l'Italie.

Et c'est là surtout ce qui causait son irritation contre Mazzini.

Nous allons raconter ce qui se passa entre eux; tristes débats, surtout parce que d'autres questions les envenimèrent !

Tout homme d'Etat, tout penseur impartial et dégagé des étroits préjugés de parti, ne saurait nier que le grand courant de l'opinion publique, en Italie, ne se portât vers le Piémont et sa monarchie constitutionnelle.

Certes, il importe de réserver la question des principes ; Orsini avait donc raison de maintenir et de proclamer que la République démocratique et libérale offre aux peuples la meilleure forme gouvernementale.

Mais l'Italie n'était point dans des conditions normales ; il y avait à considérer deux ordres de faits qui militaient contre la proclamation hâtive de la République.

Tout d'abord, il fallait considérer que les gouvernements despotiques qui dominaient sur la plus grande partie du territoire tenaient les populations dans l'ignorance ; or, la République ne produit le plein effet de son action civilisatrice que sur les nations qui ont atteint l'âge de leur grande majorité.

Cette heure avait-elle sonné pour l'Italie ?

Mazzini ne le croyait point.

D'autre part, en face de l'ennemi commun, il fallait constituer en Italie une puissante unité, au moins pendant toute la durée de la lutte, et, après la victoire, pendant cette période de crise, dans laquelle un peuple nouvellement émancipé se sent encore menacé par ses adversaires.

Cette unité, on l'obtenait facilement sous une dynastie représentée par un roi libéral et vraiment constitutionnel comme l'était Victor-Emmanuel ; mais il était à craindre qu'une République ne devînt fédérative, étant données les tendances séparatrices des divers Etats italiens et les traditions du passé.

Enfin, la loi suprême des carbonari leur imposait d'avoir pour but unique de chasser l'étranger, par tous les moyens possibles, sans se préoccuper des nuances de partis et des aspirations diverses des patriotes.

Si donc, Mazzini eût voulu établir la République *quand même*, comme le demandaient Orsini et son groupe, il eût violé les statuts de la société et diminué les chances de succès. Les royalistes (et ils étaient nombreux) auraient aussitôt abandonné le carbonarisme.

Pouvait-on se priver du concours d'hommes comme Cavour et tant d'autres, qui étaient des partisans sincères, loyaux et convaincus de la monarchie constitutionnelle.

Mazzini se prononça donc nettement pour la nécessité de remettre la direction du mouvement à Cavour et à Victor-Emmanuel, d'autant plus que toutes les forces de la France entraient en ligne et assuraient la victoire du moment où cette combinaison était adoptée.

Ainsi, la périlleuse intrigue, si bien conduite par Orsini et la princesse X..., aboutissait à l'alliance du Piémont et de la France; à une guerre de délivrance sans doute, mais au profit de la monarchie constitutionnelle; à la ruine des espérances du parti républicain italien.

Orsini et la princesse en furent atterrés.

Mazzini les tint au courant des propositions que faisait l'empereur; il leur annonça qu'il les acceptait.

Tous deux protestèrent avec énergie.

Orsini, lui, était un de ces caractères sombres, exaltés, qui se dévouent corps et âme à une idée, l'incarnent en eux-mêmes, se passionnent exclusivement pour elle et n'admettent rien en dehors d'elle. Ils lui vouent un culte ardent, exclusif, absorbant; ils se font les grands prêtres de la divinité et gardent le sanctuaire avec un zèle jaloux.

C'est le fanatisme, le fanatisme redoutable pour les causes qu'il sert et qu'il perd, avec autant de maladresse que d'héroïsme.

Orsini était fanatique de la République.

La princesse X... au contraire, et c'est un des traits bizarres de l'inébranlable tendresse de ces deux êtres passionnés l'un pour l'autre, la princesse X... n'était pas républicaine le moins du monde, elle aimait la maison de Savoie; elle souhaitait que son règne s'étendît sur toute la péninsule; mais elle était Italienne et italianissime; elle avait une invincible horreur de l'intervention étrangère, et, des premières, elle avait adopté pour devise :

Italia fara da se.
L'Italie se fera elle-même.

Sa fierté nationale se révoltait à l'idée que son pays devrait son salut aux armées françaises.

Du reste, elle jugeait très-sainement que Napoléon III ferait payer cher son concours. Elle prévoyait la cession de Nice et de la Savoie; elle pressentait que le pape serait maintenu à Rome par les Français, et elle redoutait tout de la mauvaise foi de l'empereur.

Ses objections aux plans de Mazzini présentaient certainement plus de raison et de sens que celles d'Orsini; beaucoup de carbonari en furent frappés.

Mazzini avait la possibilité de forcer plus tard la main à Napoléon III sur beaucoup de points. Il avait déjà combiné, avec Cavour, les moyens de paralyser le mauvais vouloir futur de l'empereur; il passa outre et imposa son programme en vertu d'une décision du conseil suprême.

La douleur de beaucoup fut immense; l'émotion fut profonde dans toutes les Ventes, et l'offense que reçut la princesse X... d'une des maîtresses de Mazzini, mit le comble à l'irritation des dissidents, et leur donna pour chef Orsini, qui avait senti l'injure plus que tout autre.

L'orgueil de l'homme est l'arme la plus dangereuse dont la femme se serve contre lui.

Ainsi s'explique l'étrange faiblesse dont Mazzini fit preuve en se laissant dominer jusqu'au scandale par deux Anglaises qui le mirent, à son insu, en charte privée.

C'est une bien curieuse histoire et qui mérite d'être racontée, non certes en vue d'amuser le public par des détails piquants, mais pour montrer à quel point les plus fermes caractères sont fragiles; on les croit de bronze; un doigt féminin les touche, ils s'amollissent, s'affaissent et se pétrissent au gré de la sirène qui les a charmés.

Personne ne semblait plus capable que Mazzini de résister aux entraînements de la passion; il en vint pourtant à subir, sans s'en apercevoir, une véritable séquestration dont ses deux maîtresses s'étaient faites les gardiennes vigilantes et obstinées.

Comment Mazzini en arriva-t-il là?

Par la faute de son entourage.

Il avait su inspirer aux siens un dévouement à outrance, une admiration absolue, un fanatisme tel que, sur son ordre, l'un de ses fidèles allait tuer ou se faire tuer.

Par le prestigieux ascendant qu'il exerçait sur eux, Mazzini avait en quelque sorte ressuscité cette secte des *Assassins* qui, au moyen âge, mettait cinq cents poignards au service de son chef, le *Vieux de la Montagne*, dont tous les rois, les princes et les puissants de la terre étaient les tributaires, tant on redoutait de tomber sous les coups de ses émissaires.

Mazzini vivait donc au milieu d'une sorte de cour qui l'entourait d'un culte, comme s'il eût été un demi-dieu, et qui l'enveloppait d'un nuage d'encens à travers lequel il ne voyait plus les petites réalités de la vie.

A respirer cette atmosphère d'apothéose, Mazzini ne perdit rien de la justesse de son coup d'œil sur la direction des grands courants de la politique contemporaine, rien de son flair subtil et de la haute portée de ses jugements; mais le sentiment de sa supériorité s'exalta démesurément, lui inspirant l'estime exagérée de lui-même et le dédain pour autrui. Comme l'aigle, il s'isola dans son aire; il se créa, dans les hautes sphères de la pensée, une royauté intellectuelle d'autant plus absolue que le succès de ses combinaisons semblait la justifier; il voyait de si loin, que la myopie de ses contradicteurs l'irritait et lui inspirait le mépris; le vin capiteux de la flatterie lui monta au cerveau et l'enivra; il s'accoutuma aux éloges délicats qui devinrent un besoin impérieux pour lui; la moindre contradiction fut une souffrance, et il s'isola au milieu de ses adorateurs; peu à peu, il se sentit devenir dieu !

C'est alors qu'il connut deux Anglaises d'une rare beauté, d'une grande distinction, qui s'éprirent de lui.

On a mis en doute la sincérité de leur affection; on a prononcé le mot calcul; on a prétendu que ces dames spéculaient sur leur tendresse; c'est aller loin dans l'analyse critique de leur sentiment, et nous ne nous associerons point aux suspicions dont elles furent l'objet.

Toutefois, nous sommes fondé à croire que le tempérament national leur suggéra certaines combinaisons qui révélaient l'instinct d'exploitation commerciale, dont rien ne corrige l'âpreté chez les Anglaises.

Plus que tout autre femme, l'Anglaise, par essence et par éducation, est habile à la conquête de l'homme; la loi et les mœurs privent la jeune fille de cet appât qui conquiert tant de maris en France : la dot! Une jeune fille anglaise ne peut compter que sur son mérite personnel pour se faire épouser. De là une étude constante des moyens de plaire, non-seulement comme les autres femmes, par la coquetterie, mais encore par l'habileté des manœuvres et la souplesse du caractère ; deviner l'homme, connaître ses goûts, les flatter, tel est le but de la jeune fille anglaise.

Elle est donc mieux armée que d'autres pour la lutte et la conquête.

Sans doute elle n'a point le triomphant éclat des beautés espagnoles, la puissance passionnelle des Italiennes, la douceur des Allemandes, le vaillant esprit et l'attrait mystique des Slaves, la grâce incomparable des Françaises et le charme irrésistible des Parisiennes; mais elle a une force suprème : la volonté! un moyen toutpuissant : la patiente observation des goûts de l'homme.

Avec ces deux instruments de conquête, elle accomplit des prodiges.

Nous avons vu, par des exemples célèbres dans le passé et dans le présent, s'exercer sur des hommes de haute valeur, cette prise de possession par une Anglaise qui les annihilait.

Mazzini, lui, précisément par la nature de son génie, était prédisposé à être accaparé de la sorte.

Il y avait dans sa constitution des finesses féminines, des raffinements félins de sensation, une prédisposition très-marquée aux souffrances nerveuses qui lui faisait redouter les chocs immédiats, la contradiction surtout, et qui le prédisposait à chérir les intermédiaires assez adroits pour les lui épargner.

D'autre part, l'isolement superbe dans lequel il s'absorbait, en contemplation de lui-même, ne laissait pas que de lui peser; mais les femmes auxquelles il avait demandé les distractions de l'amour, dans sa solitude intellectuelle, n'avaient pas compris ses exigences d'adoration.

Le vide lui pesait; il fuyait les hommes; il redoutait chez la femme ses fugues, ses caprices et sa préoccupation d'elle-même. Aussi, crut-il avoir trouvé son idéal à Londres, quand il se vit entouré d'adulations et de soins pieux par les deux Anglaises qu'il rencontra au déclin de la vie, à l'heure où, chez l'homme vieilli, s'exaltent les susceptibilités de l'amour-propre.

Comment s'entendirent ces deux femmes ?

Comment vécurent-elles sans haine ?

Nous allons le dire après avoir étudié les menues chroniques des cancans qui avaient cours dans la colonie italienne de Londres.

Au premier abord, pour des Françaises — voire des Italiennes ou des Espagnoles, — il semble absolument invraisemblable que deux femmes, belles toutes deux, distinguées, spirituelles, n'ayant rien à s'envier réciproquement, aient pu s'accorder, en aimant le même homme, en vivant sous son toit, en réalisant, pour tout dire, l'union dans le harem — un harem avec un mari européen! Ceci semble du domaine de la fantaisie la plus invraisemblable, et rien pourtant n'est plus vrai. Nous pouvons dire que le fait est historique.

En vain voudrait-on se récrier, protester, nier!

L'évidence est là.

Quant à l'explication de cet accord, nous le trouvons dans le caractère et dans l'éducation des femmes anglaises d'un côté, et dans la propagation, en Angleterre, des théories polygames de la secte mormonne.

Si l'on veut considérer que, dans la Grande-Bretagne, la vertu de la femme est protégée par les lois ; qu'il en résulte pour les hommes une réserve inconnue chez nous ; que les jeunes gens craignent de se compromettre et de se voir obligés, par imprudence, à épouser ou à réparer pécuniairement le tort fait, même involontairement, inconsciemment, à une réputation ; si l'on réfléchit, à cette situation, qui impose à l'homme la défensive et à la femme la coquette offensive dans le sens le plus moral, on comprendra que l'Anglaise ait des audaces de pensée, des façons hardies d'envisager certains problèmes, dont une Française s'étonnerait.

La conquête d'un mari, voilà le problème pour la jeune fille!

Elle s'accoutume donc à ne point se considérer comme un bien que l'on désire, mais elle s'habitue à envisager l'établissement, par le mariage, comme un objectif enviable.

Là est la profonde différence des mœurs anglaises avec les nôtres ; la loi a renversé les rôles.

Aussi, qu'arrive-t-il?

Parle-t-on d'un Chinois, d'un Japonais, d'un Coréen marié à une Européenne?

Qui, cette Européenne ?

Une Anglaise!

Dernièrement encore, nous avons vu, à l'Exposition, non pas un, non pas dix, mais plus de cent de ces mariages excentriques.

Encore Chinois, Japonais, Coréens, sont-ils à peu près monogames.

Mais, en Orient, l'on rencontre avec surprise des Anglaises qui ont consenti à se marier avec des musulmans, malgré la polygamie.

Au Maroc, l'un des cheurfas (pluriel de chérif), les plus distingués de l'empire, est marié à une chrétienne.

Il est venu en France, envoyé extraordinaire de son souverain, pour régler certaines questions de territoire; de cela, il n'y a guère que deux ans.

Qui donc était cette chrétienne de beaucoup d'esprit, de tenue et d'intelligence, que nos diplomates traitaient nécessairement avec la plus grande déférence ?

Qui ?

Une Anglaise de très-bonne famille, d'éducation très-soignée, d'une moralité parfaite, sous peine de mort du reste, car, en ces pays de croyance islamite, le coup de yatagan paye les coups de canif dans le contrat.

Mais la polygamie n'existe pas seulement parmi les croyants de Mahomet.

Aux Etats-Unis, une religion s'est formée, celle des Mormons, dont la base est la pluralité des femmes.

Or, en Europe, ce sont les Anglaises qui fournissent le plus grand nombre d'adeptes aux croyances nouvelles

On sait quel prestige le chef de cette religion du Lac-Salé exerça sur les imaginations féminines. On a calculé que plus de dix mille dames, dont les deux tiers de race anglo-saxonne, briguèrent l'honneur de devenir ses épouses.

Il se maria réellement avec une centaine d'entre elles, et il s'unit *spirituellement* avec plus de mille autres.

Il inventa ainsi le mariage moral.

De telle sorte qu'aujourd'hui l'on rencontre en Angleterrre des dames qui ont pour position sociale d'être les épouses *morales* du Prophète des saints du Lac-Salé.

C'est étrange !

Cela peut nous paraître ridicule et amener le sourire sur nos lèvres de Parisiens sceptiques ; mais cela est.

Et cela était déjà en 1856.

Or donc, les deux Anglaises qui furent les maîtresses de Mazzini (style français), ses épouses (style mormon), se rencontrèrent dans la même affection, le même entraînement, le même amour, pour le chef des carbonari.

Elles souhaitaient toutes deux passionnément, cette position enviable et des plus sortables, de s'unir à une espèce de demi-dieu prestigieux, qui faisait trembler les rois sur le trône et qui était entouré d'un culte fanatique par une cour de sectaires.

Mazzini, flatté de ces hommages, se trouvait fort perplexe quant au choix ; l'une était blonde et charmante, l'autre était brune et fort belle ; toutes deux l'entouraient de soins et d'hommages, toutes deux n'entendaient point faillir et prétendaient à une union légitime.

Le cas était embarrassant.

Epouser Mazzini ! c'était gagner le Derby dans le steeple-chase du mariage.

Ni l'une ni l'autre ne voulait céder.

Mazzini déclarait que, pour rien au monde, il n'aurait consenti à chagriner l'une aux dépens de l'autre.

Après une lutte de séduction, très-morale du reste, et qualifiée *flirtage* en anglais, ces deux jeunes femmes ouïrent parler d'un apôtre mormon.

Elles allèrent à ses prêches.

Toutes deux furent frappées des avantages de la foi nouvelle ; la lumière se fit et illumina leurs consciences ; ce fut un éclair qui fit fondre leurs ressentiments et cimenta leur union.

Elles vinrent, d'un touchant et commun accord, déclarer à Mazzini qu'elles étaient mormonnes, et que rien ne s'opposait à ce qu'il les épousât toutes les deux.

Le célèbre agitateur avait trop d'esprit et des idées trop larges pour ne pas apprécier les supériorités qu'en certains cas la morale des saints du Lac-Salé, présentait aux intelligences sans préjugés et aux cœurs épris.

Il comprit et couronna le dévouement des deux jeunes Anglaises et se laissa aimer d'après les usages mormons.

Telle était la situation, quand éclata le schisme entre les carbonari.

Parmi les partisans de Mazzini, les uns n'acceptaient point comme régulière cette union à trois, ce ménage mormon du chef.

Les autres restaient indifférents ou même sympathiques.

Toutefois, au bout d'un certain temps, chacun prit son parti de cette situation au moins bizarre.

Mais, peu à peu, les deux jeunes femmes, avec un accord touchant, s'ingénièrent à s'emparer de l'esprit de Mazzini ; elles y appliquèrent ce génie des détails qui est la force de la femme, cette prudence câline qui endort toute défiance, cette habileté calme, méthodique, calculée, sûre d'elle-même, qui est la caractéristique du tempérament britannique.

Mazzini en était arrivé depuis longtemps à cette irritation nerveuse dont sont atteints souvent les hommes d'Etat qui, voyant haut et loin, sont agacés, irrités, exaspérés par les contrariétés que leur causent les myopes de leur propre cause ; ils acceptent franchement le combat avec l'ennemi, ils supportent avec une grande force d'âme les alternatives de la lutte ; mais ils deviennent extrêmement sensibles aux tracasseries que ne manque jamais de leur susciter l'étroitesse de jugement de leurs partisans et de leurs alliés.

De là cet énervement qui a tué Richelieu, qui tuera M. de Bismarck et dont Cavour est mort.

De là, comme nous l'avons dit, chez Mazzini, une tendance à se préserver des chocs du dehors, et à s'enfermer dans la quiétude d'un intérieur dont les deux Anglaises firent un paradis et furent les anges.

Des anges vigilants, des anges gardiens, des anges qui entendaient parfaitement leurs petits intérêts et qui y sacrifiaient tout.

Quiconque ne leur fut pas dévoué absolument, fut banni de l'entourage, sans violence, sans bruit autant que possible, avec une tactique savante.

Comme cette campagne d'expulsion n'atteignait que des hommes ayant assez de souci d'eux-mêmes pour ne pas abdiquer devant Mazzini, et qui sauvegardaient devant lui leur dignité et leur indépendance, rien n'était plus facile que de l'indisposer contre eux.

Quand les deux anges étaient sûrs que le dieu ne protesterait pas, ils évinçaient ce que l'entourage appelait les *suspects*. Par dévouement pour la cause, par égard pour les éminents services du chef, les victimes de cet ostracisme ne protestèrent d'abord qu'à demi, déplorant en silence l'aveuglement du grand maître.

Mais la domination des deux Anglaises prit rapidement un caractère alarmant.

Sous le prétexte de servir de secrétaires à Mazzini, elles lurent *toutes* les lettres, dit-on, même les plus importantes.

Puis, possédant de gros secrets, elles s'en servirent pour arriver à un but que, depuis longtemps, elles voulaient atteindre.

La société anglaise leur tenait rigueur.

Elles en souffraient.

Toutefois, espérer d'être reçues dans l'aristocratie et dans la haute bourgeoisie, c'eût été insensé; mais il est un monde particulier qui n'est pas le vrai grand monde, qui y ressemble beaucoup, et qui, sur un certain terrain neutre, accepte certains compromis. Sans être précisément tolérant, il montre de l'indulgence pour ce qu'on pourrait définir l'élite des irrégulières.

Il admet les grandes artistes, les femmes de lettres d'une haute valeur, comme George Sand, par exemple; des cantatrices comme la Malibran, et des tragédiennes comme Rachel.

Ce monde, on le retrouve dans toutes les capitales et dans toutes les villes d'eaux.

Ce monde vit de nuances; il adopte et reçoit celles-ci; il se laisse imposer celles-là; mais pour d'autres, il est aussi impitoyablement fermé que le grand monde.

Il ne s'ouvrait pas pour les deux anges de Mazzini.

Pourtant, un beau soir, les deux jolies femmes, à la grande surprise de beaucoup, firent leur apparition dans un bal d'ambassade; elles étaient invitées, patronnées, fêtées par les secrétaires et par tout ce qui, de près ou de loin, tenait à cette ambassade.

Dès lors, le rêve des deux anges était réalisé.

Comment y avaient-ils réussi?

En livrant les secrets de Mazzini à l'ambassadeur.

De ce jour, les deux épouses mormonnes de Mazzini sortirent du demi-monde, pour entrer dans le quasi-monde; elles y rencontrèrent la princesse X..., l'héroïne de la *petite maison* d'Auteuil.

La princesse, qui blâmait la faiblesse de Mazzini, se montra très-réservée; les deux anges en furent froissés.

Donc, haine et rancune!

Arriva le moment où Mazzini, qui avait déjà mécontenté beaucoup de ses partisans, accepta le plan de Napoléon III, l'alliance de celui-ci et la promesse de laisser Victor-Emmanuel devenir roi de toute la péninsule.

Nous avons expliqué combien la princesse X... fut émue de cette décision de Mazzini, appelant l'étranger au secours de l'Italie; nous avons dit à quel point Orsini fut froissé de voir sa patrie vouée au régime monarchique.

Il tenta une démarche auprès de Mazzini; il fut froidement accueilli, et Mazzini lui expliqua avec hauteur les motifs de sa résolution.

De plus, il lui reprocha très-amèrement de s'être mis à la tête d'un groupe de carbonari, disposés au schisme et à la résistance.

Orsini s'emporta. Mazzini en fut profondément irrité et traita son plus fidèle lieutenant de *petite cervelle*.

C'était la rupture complète, absolue.

Orsini se retira en protestant contre la tyrannie du chef.

Dans le but de tenter une réconciliation, la princesse X... se présenta chez Mazzini.

Elle fut reçue par les deux Anglaises qui lui demandèrent, non sans impertinence, quel était l'objet de sa visite; la princesse répondit fièrement qu'elle ne reconnaissait aux deux ladies le droit de l'interroger, ni comme épouses, ni comme affiliées.

Elle leur fit d'amers reproches, les accusa de trafiquer des secrets du maître et, de très-haut, dit aux anges de dures vérités.

La plus violente des deux dames jeta un éventail à la tête de la princesse qui sortit indignée; il lui suffit de raconter cette entrevue pour soulever d'énergiques protestations dans la colonie italienne.

Quinze jours après, la scission s'était opérée dans les *ventes*; les carbonari se divisaient en deux camps; Orsini était à la tête des dissidents et il formait le projet d'empêcher l'intervention française et le triomphe de la monarchie, en tuant l'empereur.

Quant à la faiblesse de Mazzini, confiant sa correspondance à deux femmes, elle a été diversement interprétée.

Pour notre part, nous inclinerions à croire que ce fin diplomate savait parfaitement à quoi s'en tenir sur les indiscrétions de ses anges, et qu'il ne leur laissait pénétrer de ses intentions et de ses plans, que ce qu'il voulait laisser révéler.

Il calculait sur le besoin de parler qu'ont les anges de cette sorte et sur leur désir de gagner des amitiés et des patronages.

En somme, si nous ne nous trompons, il atteignait deux buts; il laissait lever le voile sur certains faits qu'il tenait à faire connaître, et il conservait la paix dans son paradis en satisfaisant aux plus chers désirs de ses anges.

Le lecteur sait maintenant dans quelles conditions Orsini prépara son attentat.

Lire dans **Le Nouveau Journal républicain**, à cinq centimes,

LA SECONDE PARTIE

DE

LA VÉRITÉ SUR ORSINI PAR UN ANCIEN PROSCRIT

Le Nouveau Journal publiera cette seconde partie intitulée :

LE COMPLOT

A partir du DEUX DÉCEMBRE prochain

LA VÉRITÉ SUR ORSINI

PAR

UN ANCIEN PROSCRIT

TABLE DES CHAPITRES

DE LA PREMIÈRE PARTIE

LES SECRETS DE L'AFFAIRE

A partir du DEUX DÉCEMBRE prochain, Le Nouveau Journal républicain publie

LE COMPLOT

SECONDE PARTIE DE

LA VÉRITÉ SUR ORSINI, par UN ANCIEN PROSCRIT

Son but, en réunissant la première partie en brochure, a été de permettre aux nombreux lecteurs que lui attire le prodigieux succès de *la Vérité sur Orsini*, de lire l'œuvre tout entière. En achetant le journal le **DEUX DÉCEMBRE** prochain; après avoir lu cette brochure, le lecteur sera au courant et pourra suivre les nouvelles et curieuses révélations de l'auteur.

A la même date, Le Nouveau Journal commence un grand roman

L'AGENT DES MŒURS, Par LOUIS NOIR.

C'est une œuvre émouvante, sur un sujet palpitant d'actualité.

Clichy. — Imp. Paul Dupont, rue du Bac-d'Asnières, 12.

Le Nouveau Journal

ADMINISTRATION ET RÉDACTION
29, boulevard Poissonnière, 29

DIRECTEUR POLITIQUE
M. PASCAL DUPRAT

Républicain

CINQ CENTIMES

ABONNEMENTS
Trois mois. Paris, 5 fr. Dépt, 6 fr.
Six mois... — 9 fr. — 12 fr.
Un an..... — 18 fr. — 24 fr.
Envoyer un mandat sur la poste à l'ordre
de l'Administrateur. E

SON PROGRAMME

Le Nouveau Journal Républicain doit son succès à la sûreté de ses informations. Son programme est des plus simples et des plus larges; il comprend tous les renseignements du jour sur la **Politique intérieure** et **extérieure**; dans ses **Courriers parlementaires**, il donne les **Comptes rendus des Chambres**, les bruits de couloirs, les portraits à la plume des hommes politiques, la physionomie des séances et des aperçus sur le mouvement des partis dans le parlement. *Le Nouveau Journal* publie en outre des **Nouvelles des départements et de l'étranger**, des **Faits divers** (crimes, accidents, suicides, actes de dévouement, anecdotes du jour, bruits de Paris); des **articles variés sur les théâtres**, **les sciences, les arts, la littérature**; un **bulletin financier et commercial**, et **LA LISTE** des tirages des valeurs à lots autorisés.

Son **Bulletin des Tribunaux** est très-remarqué par le piquant intérêt du compte rendu des audiences de la **Police correctionnelle** et le talent avec lequel des rédacteurs spéciaux rendent les impressions saisissantes des séances de la **Cour d'assises dans les Causes célèbres**.

Les **Variétés** sont confiées aux écrivains les plus distingués.

Les **Feuilletons** sont signés par des écrivains aimés du public.

PRIME GRATUITE

Le *Nouveau Journal* donne, pendant le mois de novembre, en prime gratuite, tout nouvel abonné, le droit aux chances de tirage de la **Loterie Nationale** comportant : **CENT MILLE LOTS** valant **DIX MILLIONS DE FRANCS**.

PUBLICATIONS EN COURS

L'AGENT DES MŒURS, par Louis NOIR

SUR L'ÉCHAFAUD ! par Alexis BOUVIER

La VÉRITÉ SUR ORSINI, PAR UN ANCIEN PROSCRIT

Chaque jour, une curieuse révélation sur les Secrets de l'Empire

(Voir ci-contre les sommaires de cette œuvre écrite par une victime du *Coup d'État*
et la vignette représentant Orsini et Pieri marchant au supplice.)

Clichy. — Imprimerie PAUL DUPONT, 12, rue du Bac-d'Asnières. — 1706.11.78.